1回作れば3度おいしい

作りおき
レシピ

有元葉子

はじめに

あなたがひとり暮らしでも、ご家族との暮らしでも、毎日手作りの食事ができればどんなにいいかは、よくお分かりのことと思います。でも、仕事をしていたり、幼い子どもやご両親の面倒をみたりで、料理をする時間は限られているはず。その上、仕事でも育児でも介護でも、とかくハプニングはつきもので、ただでさえ余裕のない時間がさらに厳しくなってしまうことも少なからずあると思います。疲れて、ただ単に「なにもしたくない日」だってあるでしょう。

それでも、自分の作った〝安心〟できるものを〝おいしく〟食べさせたい（あるいは食べたい）――〝強い思い〟さえあればなんとかなるものです。ただし、なにもしないではそんな都合のよい話はありませんから、そこにはちょっとした計画性と知恵を働かせることが必要になってくると思います。

まず、大まかな暮らしのパターンを紙に書き出してみましょう。どの時間がどう使えるかを考え、無理のない計画表を作ってみることです。たとえば、土曜日には1週間分のまとめ買いをし、日曜日から週半ばの食事作りのついでに、その日の分だけではなく、あと1~2回分を多めに作りおきしておきます。週半ばには、生鮮食品を買い足し、疲れのでやすい週後半は作りおき料理を変身させて手間をかけずに切り抜けるなど、自分が実現しやすい計画表でいいのです。つまりは、気力のあるときに、今日より明日、あさってがおいしい「自家製の〝作りおき〟」や「便利な〝料理の素〟」を作って次の料理の時間へと回していくことが、手間をかけずにおいしい料理を作る秘訣です。

本書では、私の暮らしから生まれた「作りおき料理」や「料理の素」を可能な限りご紹介しています。その中から、あなたの暮らしのパターンに合ったものを選んで、使い回してみてはいかがでしょう。とはいえ、このリズムは頭で考えているうちは意外と分からないもの。そこで、もう少し具体的な例でお話ししてみましょう。

たとえば、休日の魚料理のついでにつけたみそ漬けの魚（みそ＋みりんにつける）としょうがの酢漬けがあれば、料理作りの負担はそれほどでもなくなります。それが、鶏料理のついでに作っておいた鶏肉のマリネ（鶏肉に塩、こしょう、にんにくをまぶし、ローズマリーとオリーブオイルでマリネする）と玉ねぎの酢漬けであっても同様です。

みそ漬けの魚とかマリネした肉が冷蔵庫に入っていれば、自ずとメニューが決まってくるので、頭をひねる時間も少なくなってとても楽になります。

逆に、「玉ねぎの酢漬けがあるから今日はなににしようかしら？」と考えてもいいのです。「サラダに生かそう」とか、「いや、肉のつけ合わせに」とか、「今日は絶対サンドイッチよ」とか、組み合わせを上手に変化させていけば、だんだん楽しくなってきます。

こんなふうに頭の中で今あるものの相棒を探して献立を組み立て、ちょっと足りないものをプラスすれば、料理することがそんなに大変ではなくなるでしょう。

冷蔵庫や野菜かご、食料品の戸棚の中を見渡して、あるものを上手に使って献立を組み立てる日があってもよいのです。そうすると冷蔵庫も不思議にすっきりとしてくるもの。

たとえば、しょうがの酢漬けの作りおきを今日はみそ漬けの魚に添えたとして、翌日は細かく切ってたっぷりの量を酢漬けのじゃこといっしょに白飯に混ぜると、このさっぱりご飯のおいしいこと。酢漬け2品のおかげで、すし酢を混ぜなくても、手軽でおいしいすしご飯のでき上がり——こんなふうに使えるようになれば、作りおきの上級者です。

巻末に、作りおき料理利用の「1週間の夕飯のおかず」を載せましたので、参考になさってください。ただ、これはあくまでひとつの例です。

まず週1～2品の作りおきからでも始めてみてください。毎日の料理ついでにやっていると、それがいつもになり、次第に手が慣れて勝手に動くようになります。さらに「これなら冷凍して大丈夫！」、「これはダメ」、「冷凍しないでマリネして、冷蔵庫に」など、そういうことが分かってくるものです。

そうすると台所のほうがうまく回ってきます。この「台所が回る」という流れさえできてくれればしめたもの。それは、作りおきした素材を使い回したり、わざと多く作ったり残したりして融通していく台所の知恵です。この「回る」という微妙ないい回しは、私の好きなことばです。思えば、料理も暮らし全体の流れのなかで回っていくもの。そうした感覚が肌で感じられるようになるまで、あなたならではの利用法で本書を愛用していただけたらとても嬉しく思います。

作りおき上手になるための道具を揃えてスタートしましょう

作りおき料理を効率よく上手に保存するためには、作る料理にもよりますが、大きく分けて次の3タイプの道具が揃っていればまず安心です（写真右から）。

ステンレス製の調理道具

ステンレスのバットやボウルはプラスチックの容器と較べ格段によく冷えます。だから冷蔵室でより低温状態にして長く保存したいときや、冷凍室で材料や料理を早く凍らせたいときに有効です。もちろん、作りおき料理を作る過程の調理器具としても活躍してくれるので、バットやボウルと同サイズの角ざると丸ざるもセットになっていると重宝します。さらに同サイズのステンレス製ふたがあれば、作りおいたものを重ねて保存できるのでベスト。

ジッパーつきの袋とラップ材

冷蔵用の保存袋としてはジッパーつきのポリ袋、冷凍用にはジッパーつきのフリージングパックがあると重宝します。作ったものを場所をとらずに保存できますし、ソース類やだし汁のように凍ってしまうと見分けが難しいものには、調理名や作った日付けなどを記入しておけるのもいい点です。臭い移りの気になる食品や小分けにして保存したい場合には、ラップで包んでから袋に入れるようにします。ポリ製の袋は比較的冷蔵庫の臭いを吸いやすいので、長くおくと香りや味が落ちます。なるべく早めに使いきるようにしましょう。

ふたつきの保存容器

私は冷蔵用、冷凍用とも、ジャムなどのシンプルな形の空きびんを愛用しています。透明ガラスのびんは冷蔵庫のドアを開けたとき、すぐになんの食品が入っているかが目にとび込んでくるので便利です。ちょっと作ったおかずの素や甘酢などの液体ものはびんが合いますが、蒸し汁やゆで汁ごと多めに保存する蒸し鶏やゆで豚などは、ふたつきの保存容器を使います。ただし、野菜の甘酢漬けのように酢（酸）を使った食品を保存する場合には、プラスチック容器は避け、ホーロー製やガラス製などの保存容器を使うようにします。

もくじ

この本の決まり

*この本で使用した計量の単位は、1カップ＝200mℓ、大さじ1＝15mℓ、小さじ＝5mℓです。ただし米1カップ＝180mℓ（1合）です。

*この本で使用した電子レンジの出力は表示のあるもの以外は600Wです。

*レシピのうち薄い地色のついているものは基本の作りおき素材のレシピ、それ以外は作りおきレシピを使い回して作る料理です。ただし3章の煮込み料理に関してはその限りではありません。

*レシピは基本的に「材料」と「作り方」を分けて示しましたが、簡単な料理に関しては、材料を「作り方」の中に折り込んでいるところがあります。

*「レシピもくじ」と「問い合わせ先」は巻末にあります。

第1章

最初のひと手間で あとがこんなに楽になるなんて

たとえば、塩もみ野菜。切り分けて軽く塩をし、冷蔵庫に入れておくだけでいいのです。これがゆで野菜になっても、酢漬け野菜になってもＯＫです。要は休日などを利用して、料理作りの第一歩をしておくだけ。

このひと手間で、いざ食事の準備をというときになって、野菜料理がたちどころに一品増えるうれしさ。これさえあれば、忙しいときに野菜不足を心配することなく、いつも食卓はカラフルな彩りに満たされるでしょう。

また、疲れていて、手間のかかるメイン料理を作るのはしんどいという場合もあると思います。こういうときも、考え方は野菜料理と同じ。ちょっと時間のあるときに、肉や魚を塩漬けやみそ漬けにしておく、ハーブやスパイスたっぷりのマリネにしておく、軽く加熱しておくなどなど、調理の最初の一歩をしておくだけであとがどんなに楽になることか。時間がたつとさらに味わい深くなることもあって、それはまるで、「よく最初のひと手間をかけてくれました！」と素材たちが言っているように、「おいしさ」というごほうびとなって返ってきます。

塩を上手に使う——塩はうまみを引き出す魔術師

A 「塩もみ野菜」さえあれば

1種類の野菜でもいいですし、できれば数種類の野菜を塩もみしておきましょう。ただそれだけの手間で、野菜が驚くほどたくさん、手軽においしくいただけます。塩をすると野菜の水分が出るので、ぐっとカサが減ると同時にうまみが凝縮され、その上適度な塩味もつくからです。

時間がなければ、食事の準備にとりかかる直前にまず、塩もみをしておき、調理の最後によく水けを絞って一品作ってもいいのです。できれば、時間のあるときにある程度の量をまとめて塩もみしておくと、1度の手間でより長く重宝します。よく水けを絞るか、塩をしたまま重しをして冷蔵庫で保存すれば、3〜4日はおいしくいただけます。

小松菜の塩もみ——私のいち押しです

きゅうりやキャベツの塩もみならどなたでもすぐに思いつくでしょう。でも、「青菜系の野菜はちょっとむずかしい」と思う人も多いのでは。その通りです。とくに、ほうれんそうのようにあくのある野菜はやめたほうが無難です。

ところが、あくが少ない小松菜の塩もみは私のいち押し。小松菜というとお浸しとか炒め煮しか思い浮かばないという人も多いと思いますが、小松菜の塩もみは簡単にできる上にとてもおいしく、使い道も次々と広がる、とても重宝する塩もみです。

まず、小松菜を生のままできるだけ細かく刻みます。これをボウルに入れて、上から軽く塩をふります。塩の量は料理にもよりますが、野菜の重量の3パーセント前後が目安です。手で混ぜながら全体に塩をなじませたら、しんなりして水けが出てくるまで待ちます。photo p.33なん日か冷蔵庫で保存する場合には、ジッパーつきのポリ袋に入れてバットにのせ、上から重しをしておくと傷みにくいです。重しと言っても、冷蔵庫の中の重めの物をのせておけばいいのです。

とにかく、小松菜から水けが出たら両手でギュッと絞って完了。この小松菜の塩もみを炊きたてのご飯に混ぜ、ごまをパラリとかけたグリーンご飯が私は大好きです。多めに作っておけば、炒め物や焼きそばの具にしたり、うどんやみそ汁の青みにしたり（塩でもんであるので塩分は加減して）。にんにくと唐辛子とこの小松菜でパスタもおすすめ。

小松菜の塩もみをたっぷり入れたおにぎりもおいしく、これはお弁当にも最適。さらに塩もみ入りご飯には、ちりめんじゃこやのりを混ぜたり、小角切りにした揚げかまぼこや揚げナッツを混ぜても、とてもおいしくボリュームアップします。

そういえば、小松菜は緑黄色野菜ですからカロテンとかビタミンCを多く含みますが、カルシウムを多く含む野菜としても知られています。

なぜ生の小松菜を使うことを思いついたかというと、漬物でどうも青いものが足りないというので、とりあえず手元にあった小松菜を塩もみしてみたのがきっかけです。するととてもおいしくて、すぐにわが家の定番になり、どんどん使い方も広がっていったのです。小松菜だけあればいいという手軽さなのでぜひやってみてください。ゆでたものとはまた違うしゃきしゃき感と緑の香りが味わえます。

いろいろ野菜の塩もみ——野菜が難なくとれる

小松菜の塩もみと同じ要領で、なん種類かの野菜の塩もみを作っておくと、忙しいときに不足しがちな野菜も楽にバランスよくとることができます。

たとえば、キャベツ、玉ねぎ、きゅうり、セロリやセロリの葉、大根や大根の葉、にんじん、ゴーヤ（にがうり）、白菜、かぶやかぶの葉、クレソン、ラディッシュ、カリフラワーなど。彩りを考えながら、3〜5種類の野菜を選んで塩もみにします。

まず、葉野菜はざく切り、きゅうりやセロリ、根菜類は薄切り、カリフラワーは小房に分けます。切った野菜はボウルに入れて軽く塩をふりますが、このとき各野菜の量が多ければ別々にしてふり、少量ずつの野菜で作るなら塩をまぶすときに全部の野菜を混ぜてしまってもかまいません。

数種類の野菜の塩もみを別々に作るとき、同じサイズのボウルがいくつかあれば、次々に作って重ねていけば場所をとらず、重し代わりにもなって好都合です。適当なボウルがないときには、ジッパーつきのポリ袋に入れて、しっかり空気を抜き、適当な重しをしておきましょう。

水けが出てきたら重しをとり、水けを両手でよく絞って使います。このとき味をみて足りなければ塩を補い、塩けがきつければ水で洗って使えばいいので、塩の量にあまり神経質になる必要はありません。

こうして作った数種類の塩もみは、浅漬け、あえ物、酢の物やサラダ、サンドイッチ、炒め物など、和洋中の料理に使えます。塩もみ野菜だけでも使えますが、塩もみしていない野菜との相性もいいので、飽きることなく使い回せます。

〔小松菜の塩もみを使い回す〕

左記のグリーンご飯の要領で、小松菜の塩もみを3～4わ分まとめ作りしておくと、いろいろな料理に使い回せます。

（ご飯物に）小松菜の塩もみと揚げかまぼこのグリーンご飯

photo p.33

材料と作り方（2人分）

❶小松菜½わは細かく刻み、小さじ2程度の塩をふって軽くもむ。30分以上おいて水けが出たら、ギュッと絞る。
❷かまぼこ2～3枚は5㎜角に切り、中温（170度）の揚げ油で、きつね色に色づくまで揚げる。
❸温かいご飯2～3杯分に絞った小松菜と揚げかまぼこを混ぜ、好みでごまをふる。

★まとめ作りした小松菜を冷蔵保存する場合は、絞らずに重しをしておく。冷凍保存する場合はよく絞り、ラップに包んでキュッキュッとピンポン玉大に丸め、ポリ袋に入れて保存。

（あえ物に）小松菜の塩もみのじゃこおろしあえ

材料と作り方（2人分）

❶小松菜1わ分の塩もみを用意する。
❷大根おろし2カップはざるに入れて自然に水けをきる。
❸ボウルに小松菜の塩もみ、大根おろし、ちりめんじゃこ⅔カップを入れ、ポン酢しょうゆ適量で全体をあえる。

〔ひと塩大根を使い回す〕

大根は漬物風に使うとき以外は、軽く塩（重量の1％）をしておいたほうが応用がききます。大根から出た水分に浸したまま保存するのが、味を落とさないコツ。

（あえ物に）ひと塩大根のツナレモンあえ

材料と作り方（4人分）

❶大根½本は皮をむいて4～5㎝長さに切り、縦に7～8㎜厚さの短冊切りにし（7～8㎜角の拍子木切りでもよい）、青じそまたは大根葉少々も刻む。塩小さじ2を加えて塩もみし、30分以上おいて水けをしっかり絞る。
❷ボウルにツナ缶大1缶分をほぐし入れ、レモン汁大さじ1を加え混ぜ、①の大根を入れてあえる。

★ツナ缶の代わりに、帆立缶でやっても美味。

（炒め物に）ひと塩大根と桜えびの塩炒め

材料と作り方（4人分）

❶短冊切りにした大根½本分の塩もみを用意し、水けをきる。長ねぎ1本は小口切り、しょうが1片は細切りに。
❷中華鍋にごま油大さじ2を熱して①の大根を炒め、桜えび50gとしょうがも加えてさっと炒め合わせる。
❸火を止め、①の長ねぎを混ぜて器に盛り、粗びき黒こしょうをひきながらかける。

（白菜の塩もみを使い回す）

白菜の塩もみは軽く塩（重量の1％）をしますが、漬物風にいただくときは塩分を強め（3～4％）にし、重しをします。

（漬物に）白菜の塩漬け

材料と作り方

❶ 旬の白菜1/4個はざく切りにしてジッパーつきのポリ袋に入れ、塩大さじ1～1 1/2をふり、袋の上からよくもむ。

❷ ポリ袋の口を閉じてバットに置き、上から皿などをのせたバットで重しをし、冷蔵庫へ。半日後から食べられる。

❸ 白菜の水けを絞り、柚子の皮のせん切り適量を混ぜる。器に盛って、赤唐辛子の小口切り少々を天盛りにする。

（お浸しに）白菜の塩もみのお浸し

材料と作り方

❶ 塩もみした白菜適量を絞って器に盛り、削り節やすった白ごまをたっぷりふりかけ、しょうゆ数滴をかける。

（あえ物に）白菜の塩もみのごま酢あえ

材料と作り方（4人分）

❶ 白菜1/6個分の塩もみを用意し、水けをしっかりと絞る。

❷ 酢大さじ1、しょうゆ小さじ1～2、砂糖小さじ1弱、すりごま適量を合わせ、①の白菜を加えてあえる。

（3～5種類の塩もみ野菜で）

なん種類もの塩もみを混ぜて使えば、忙しいときでも驚くほどの量の野菜を簡単にとることができます。

（浅漬け風に）塩もみ野菜のかくや風

材料と作り方

❶ 季節の野菜の塩もみ適量を3～5種類（きゅうり、みょうが、青じそ、新しょうが、セロリなど）を用意する。

❷ たくわん、または塩出ししたザーサイを細切りにし、よく絞った①の塩もみと混ぜ、柚子などの絞り汁少々としょうゆ数滴をかける。

（サラダに）塩もみ野菜とトマトのサラダ

材料と作り方

❶ 季節の野菜の塩もみ適量を2～3種類（玉ねぎ、セロリ、きゅうり、キャベツ、クレソンなど）を用意する。

❷ ボウルにくし形に切ったトマトと①の塩もみを入れ、オリーブオイルかサラダ油適量を加えて軽くあえる。

❸ ②にレモン汁かワインビネガー（米酢でも）を混ぜ、味をみて塩、こしょうで調味する。オイルとレモン汁は3対1、オイルとビネガーなら2対1の割合で加える。

★ 野菜は油であえてから、酢、塩の順に加えるのがコツ。

★ 塩もみ野菜をゆでたポテトと混ぜ、ポテトサラダにしても。

（中華あえ物に）ゴーヤの塩もみと豆腐の中華だれ

材料（2人分）

ゴーヤ（にがうり）…1本　みょうが…2個　玉ねぎ…$\frac{1}{2}$個　塩…適量　豆腐…1丁　中華だれ｛しょうゆ…大さじ2　ごま油…大さじ$1\frac{1}{2}$　おろしにんにくまたはおろししょうが…1片分　七味唐辛子または刻み赤唐辛子…適量｝

❶ゴーヤは縦2つ割りにしてスプーンでわたを除き、薄く切る。みょうがは縦半分に切って縦に薄く切り、玉ねぎも繊維に沿って薄く切る。それぞれまとめて塩もみしておいたものを材料分の分量だけ取り分けて、両手で水けをよく絞る。

❷豆腐を軽く水きりし、大きめのひと口大に切って器に盛る。

❸たれの材料を合わせてよく混ぜておく。

❹器に盛った豆腐の上に①の塩もみ野菜をこんもりと盛り、食べる直前に③の中華だれをかける。

★ピリッとした中華だれの代わりに、塩もみ野菜の上に、おかか、ごま、しょうゆなどをかけ、和風味に仕上げても。

★ゴーヤの塩もみはキャベツやきゅうりの塩もみとなんの味つけもせずにごま油で炒め、こしょうをふるだけでも美味。

（酢漬けに）塩もみ野菜の甘酢漬け

材料（作りやすい分量）

大根…$\frac{1}{4}$本　きゅうり…1本　パプリカ（赤または黄）…1個　セロリ…小1本　しょうが…1片　塩…適量　赤唐辛子（好みで）…1本　酢…大さじ3〜4　砂糖…大さじ$1\frac{1}{2}$〜2

❶大根は皮をむいていちょう切り、きゅうりは小口切りにする。パプリカはそぎ切り、セロリは筋を除いて斜め薄切りにする。それぞれまとめて塩もみしておいたものを材料分の分量だけ取り分け、水けをよく絞ってボウルに入れる。

❷しょうがは薄切り、赤唐辛子は種を除いて2〜3つにちぎるか細切りにし、①のボウルに加える。

❸酢と砂糖（好みで量を調節）も加えて全体をあえ、1時間以上おいて味をなじませてからいただく。

★大根の代わりにキャベツのざく切り、パプリカの代わりににんじんの薄切りを用いてもよい。材料にこれという決まりはないので、少しずつ残った塩もみ野菜を入れても。

★サンドイッチの具にしたり、肉料理のつけ合わせなどに合う。

★砂糖の代わりにメープルシロップを使うとよりヘルシー。

B　「塩漬け」で変化球の味を

塩もみ野菜の作りおきさえしておけば、すぐにたっぷりの野菜がとれるというお話をしてきました。でも、メインディッシュに関してもなにかよい方法はないかしらとお考えでは。

そこでさらに「下味をつけておく」、「ゆでておく」などの項目で、いろいろな作りおきの方法をご紹介します。ここでテーマとしている「塩を使う」ということで言えば、「塩漬け」という方法がとても簡単です。

肉や魚にふつうより多めの塩をしておくだけですが、肉や魚の余分な水分が出てうまみが凝縮され、保存性もぐっと増します。肉なら豚肉や牛肉、魚ならたらや鮭などが合います。

塩漬け豚――ゆで汁も捨てずに活用を

塩漬けにする豚肉は、少し脂身のあるほうがやわらかくおいしく仕上がります。肩ロース肉、ロース肉、バラ肉（三枚肉ともいう）などがおすすめ。

漬け込み用の塩はミネラル分がたっぷりの粗塩を使いますが、なめてみて丸みのあるおいしい塩を用いてください。

たっぷりと塩をすり込むので、肉は６００グラムから1キロくらいのかたまり肉を用意します。塩漬けにする作業はバットなどを用いてもいいのですが、私はジッパーつきのポリ袋を活用。ポリ袋に肉と塩を入れれば、まんべんなく肉に塩がついてむだが出ませんし、袋の上からもめばいいので手も汚れなくて好都合です。

塩の量は、肉の重量の7～8パーセント程度。同じ重量でも肉が比較的薄ければ弱め、厚ければ強めにすればいいし、1～2日冷蔵庫においてから食べたければ弱めに、それ以上おいてからというなら強めにといった具合に加減します。条件にもよりますが、塩をまぶしたまま1週間くらいはもちます。そのあとは生のままスライスし、塩けを生かして野菜煮込みにしたり、ゆでてサラダや炒め物にと使い回せます。

私はどちらかというと、最初に強めの塩（8パーセント程度）をして1～2日おき、塩を洗い流したあと、丸ごとゆでておいて使います。一気に仕上がると同時に、ゆでた豚肉をゆで汁ごと保存容器に入れて冷蔵庫にストックしておくと、肉がジューシーに保たれるからです。あとは切り分けてそのままいただいたり、野菜と混ぜたりして使います。photo p.34-35

塩漬け豚のゆで汁は、豚のあくが塩漬けにより抜けているので、すっきりとおいしいスープになっています。すでに塩味もついているのでとても楽。肉のうまみが溶け出した上等なスープなのですからめんの汁やスープ作りにぜひ活用を。

イタリアでは昔からサラミとかパンチェッタ（豚バラ肉を塩漬けにした生ベーコン）、ラルド（豚の背脂の塩漬け）といった保存食品がよく利用されてきました。私も塩の中にローズマリーやにんにくをたっぷり含ませ、豚の脂身をかたまりのまま入れて、自家製ラルドを作ったことがあります。重しをして半年くらい冷蔵保存して……。

もちろんもっと早く取り出してもいいのですが、薄く切ってちょっとあぶってパンにのせたり、ソテーしたりすると、このラルドがじつに美味。加熱された脂のうまみと熟成された香りにだれもがその虜になってしまうようです。

塩漬けたらとカレー塩漬け鮭――応用形で試して

スペインには「バカラオ」という伝統的な塩だらがあります。これは皮の厚いたらを塩漬けにして干した「塩漬け干だら」です。スペインだけではなく、ポルトガル、イタリア、フランス料理の素材としても大変人気があり、イタリアでは「バカラ」と呼ばれています。大変よく身が締まっていて、私は生のたらより好きです。最近は日本でもネット販売などで手に入るようです。

ただし、バカラオはかなり塩がきいているので、水を替えながら、1日半から2日ほどかけてていねいに塩抜きして使うのがコツ。皮も身も厚くどっしりとしたこのたらは、スペインではたっぷりのオリーブオイルににんにくと赤唐辛子を入れ、50分ほど弱火で煮たオリーブ煮などに使われます。これが、「バカラオ・アル・ピルピル」と呼ばれて親しまれている伝統的なバスク料理。

日本でも上等の生だらが手に入ったら、塩でたらを包むようにしてポリ袋に入れ、重しをして1～2日塩漬けにするとよいと思います。すると、水分が出てとても身の締まったたらになります。ただし、最初から塩だらとして売られているものは、あまり身の締まったものに出会わない（むしろやわらかすぎ）のでおすすめできません。

塩漬けにしたたらは1晩おくと水分が出てきます。しばらくおいて使うときに、もし塩からいようなら水につけて塩抜きしてもよいでしょう。身の締まったたらは、野菜といっしょにワインで煮たり、ひき肉代わりにじゃがいもと混ぜてコロッケにしたり。オリーブオイルとにんにくでソテーし、レモンをじゅっと絞って食べても最高。

生だら以外にも、生鮭なども塩漬けにするとおいしさが増す魚です。ときには塩だけでなく、塩にカレー粉少々を混ぜたカレー塩をまぶしてつけると、変化球の味が楽しめます。

　このカレー塩鮭も塩だら同様に、ソテーはもちろん、野菜と煮込んだり、ひき肉代わりにコロッケに使ったりと、そのおいしさを存分に楽しめます。

　ロンドンに逗留していたときの話。身の締まったワイルドアラスカサーモンを買ってきて、ゲランドの粗塩をまぶし、1～2日冷蔵庫に入れて我流の塩鮭を作りました。ご飯のおともに、お茶漬けに、おいしかった思い出があります。

C　「塩水漬け」は塩漬けに並ぶ保存法

　塩漬け肉は文字通り、塩に直接肉をつけて作りますが、少し濃いめの塩水につける方法もあります。まんべんなく塩味がつき、塩水に好みのハーブやスパイスを入れて肉にその香りを移すのも容易になります。当然、食感も塩漬けとは違ってきます。

　塩漬け豚をかたまりのままたっぷりの水でゆで、そのまま冷ますと、きめの細かいハムのような感じになりますが、牛肉を塩水漬けにしてからゆでると、身がやわらかくほぐれる感じに仕上がります。

　また、「立て塩」といい、野菜や魚介を海水程度の濃さ（3パーセント）の塩水につけ込む方法もあります。

牛肉の塩水漬け――生コンビーフの味わいを

　塩水漬けは豚肉や鶏肉でもいいのですが、私は牛肉で作り、ポトフのようにたっぷりの野菜といっしょに煮込みます。

　ところで、缶詰でおなじみのコンビーフ、これは本来は粗塩で塩漬けした牛肉のこと。英語のコーンド（corned）は「塩漬けされた」という意味ですから、〝コーンド・ビーフ〟からそのまま日本の〝コンビーフ〟という呼称になったものです。

私は、牛肉をシンプルな塩水漬けにして楽しみます。まず、なめてみて塩からい程度の濃さの塩水に、にんにく、ローリエ、タイム、フェンネルなどの好みのハーブ、粒こしょう、あればクローブなどのスパイスを入れます。ここへ牛肉のかたまりを、塩水がしっかりかぶるようにしてつけます。

そのまま1週間ほど冷蔵保存すれば、生コンビーフのでき上がり。これをゆでてスライスすれば、サラダやサンドイッチの上等な具材になります。また、じゃがいも、キャベツ、ゆで豆などとスープ煮やトマト煮にしたり、ポトフや野菜との炒め物など、とても幅広く使い回せます。

野菜の塩水漬け――立て塩という方法

野菜の色を彩やかにして青臭さを除き、下味をつけるために、立て塩につけるという方法があります。きゅうりやなすの薄切りは立て塩にします。ごく薄切りのきゅうりにはまんべんなく塩がまわります。なすは塩もみより塩水漬けのほうがなすのあくが溶け出しやすく、ここへ薬局などで求めた「焼みょうばん」を入れてつけるととても美しい色に仕上がります。少し濃いめの塩水にすると保存性も高まります。水1カップに対し、塩大さじ1、焼みょうばん小さじ4分の1から2分の1くらいの割合で。3時間以上おき、よく水けを絞り、漬物風やサラダ、あえ物などに使い回します。

薄ければ薄いほどおいしいのが、しゃきっとした歯ごたえのサラダ。わが家では、しそやみょうがに加え七味唐辛子をきかせたみそドレッシングでいただくのが人気です。

塩漬け豚　photo p.34

材料と作り方（作りやすい分量）

❶豚かたまり肉600gはジッパーつきのポリ袋に入れ、ゲランドの塩などの粗塩50gを加える。
❷豚肉全体に塩をまぶしてジッパーを閉じ、袋の上から手でよくもみながら肉に塩をなじませる。
❸バットに②のポリ袋を置き、冷蔵庫で1～2日つける。
❹豚肉を水洗いして塩を流し、たっぷりの水に入れてゆでる。煮立つまでは強火にし、あくが出たら除いて弱めの中火にしてゆで続ける。肉に竹串を刺して薄いピンクの汁が出るようになったら火を止め、余熱で仕上げる。
❺保存容器にゆで汁ごと肉を入れ、冷蔵庫で保存する。
★うまみのある塩ならゆで汁もおいしく、使い回しやすい。

〈塩漬け豚を使い回す〉

これは豚肉を塩漬けにしてからゆでる方法ですが、ゆでてから塩をまぶす方法（61ページ）もあります。

〈切るだけで〉塩漬け豚のスライス　photo p.35

材料と作り方

❶塩漬け豚は人数分を、5～8㎜くらいの薄切りにする。
❷器に①を盛り、キャベツやクレソンなどの生野菜を添える。肉には辛子じょうゆ、または柚子こしょうをつけたり、粉山椒をふっていただく。

〈切るだけで〉塩漬け豚の葉包み

材料（2人分）

塩漬け豚の薄切り…4枚　キャベツ…3～4枚　青じそ…8枚　かいわれ大根…適量　にんにくみそ〔辛くない甘めのみそ…小さじ2　おろしにんにく…½片分　豆板醤（好みで）…小さじ½〕

❶塩漬け豚は薄切りにしたものを用意する。キャベツは大きければ半分に切り、青じそ、かいわれ大根とともにそれぞれ水に放してシャキッとさせる。
❷にんにくみその材料を混ぜ合わせておく。
❸キャベツ、青じそ、塩漬け豚、かいわれ大根の順に重ねて皿に盛る。にんにくみそをのせ、キャベツで包んでいただく。

〈ゆで汁で〉中華風ねぎそば

材料（3人分）

塩漬け豚のゆで汁…3カップ　中華乾めん（卵めんなど）…3玉　長ねぎ…½本　塩・黒こしょう…適量

❶ねぎは薄く斜め切りにし、氷水に放して水けを切る。
❷ゆで汁を温め、味をみて塩けを調節。めんはゆでておく。
❸器にめんとねぎを盛り、ゆで汁を注いでこしょうをふる。

（炒め物に）塩漬け豚とじゃがいものソテー

材料（2人分）

塩漬け豚…100g　じゃがいも…2個　ピーマン…1個　にんにくのみじん切り…1片分　ごま油…大さじ2　酒・しょうゆ…各大さじ1　こしょう…適宜

❶塩漬け豚は細切りにする。じゃがいもは皮をむき、4～5cm長さのせん切りにし、水にさらす。ピーマンはへたと種を除き、せん切りにする。

❷中華鍋にごま油を熱して①の豚肉を入れ、カリカリに炒める。途中でにんにくを加えて、炒め合わせる。

❸酒を加えてさらに炒め、水けがとんだら①のじゃがいもとピーマンを加えて、シャキッと炒める。

❹しょうゆを鍋肌から回しかけ、こしょうをたっぷりふる。

（サラダに）塩漬け豚と塩もみ野菜のサラダ

材料と作り方

❶ゆでた塩漬け豚は薄切りにし、食べやすい大きさに切る。いろいろ野菜の塩もみ（20ページ）適量を用意。

❷ボウルに①とクレソン（水菜でも）適量を入れオリーブオイルとレモン汁を3対1の割合で加え混ぜる。

★塩漬け豚と塩もみ野菜を使えば、ほとんど味つけなしでOK。味をみて、足りなければ、塩、こしょうを補う。

〔塩漬けたらを使い回す〕

手順は塩漬け豚と同様。生だらと塩をポリ袋に入れ、重しをします。ここでは1～2日塩漬けにしたものを使用（27ページ）。

（ゆでて）塩漬けたらとかぶのアイオリソース

材料（4人分）

塩漬けたら…3～4切れ　かぶ…6個　アイオリソース〔マヨネーズ…大さじ5　卵黄…1個分　おろしにんにく…½片分〕

❶かぶは茎を3～4cm残して切り、皮をむく。縦半分に切って沸騰させた湯で竹串が通るくらいのかたさにゆでる。

❷塩漬けたらは静かにゆでて、皮と骨を除き、ひと口大に切る。

❸①と②を盛り、アイオリソースの材料を混ぜてかける。

（煮物に）塩漬けたらとほうれんそうのクリーム煮

材料（4人分）

塩漬けたら…2～3切れ　ほうれんそう…1わ　スープ…1カップ　生クリーム…½カップ　塩・こしょう…各少々　A〔片栗粉…小さじ2　水…大さじ2〕

❶塩漬けたらは皮と骨を除き、ひと口大に切って沸騰した

湯でゆでる。

❷ほうれんそうもゆで、水けを絞り、ざく切りにする。

❸鍋に魚介のスープを煮立て、①と②を入れてひと煮立ちさせ、生クリームを加えて温め、Aを混ぜてとろみをつける。味をみて足りなければ、塩、こしょうを。

★塩漬けたらの代わりに、カレー塩鮭を用いても合う。

牛肉の塩水漬け

材料（作りやすい分量）

牛かたまり肉（もも肉など好きな部位）…800g　ローリエ4～5枚　タイム（フェンネル、ローズマリーでも）…3枝　クローブ…小さじ1　粒黒こしょう…大さじ1

A〔水…3カップ　塩…大さじ4½〕

❶保存容器にAの材料を入れ、よく溶かして塩水を作る。

❷ローリエ、タイム、クローブ、粒黒こしょうなどを加え、牛かたまり肉を完全に塩水に浸るように入れ、毎日上下を返す。

❸②を冷蔵庫で1週間つける（このまま冷凍保存も可）。

❹1週間つけた後は、肉がかぶる程度の水を入れて2時間以上ゆでておくか、下段のようなポトフにして煮ておくと、いろいろな料理に使い回せる。

〔塩水漬けの牛肉を使い回す〕

かなり塩からい水につけておくこと。それが、口に入れるとホロリとくずれるほどにやわらかく煮える秘訣です。

（煮込みに）コンビーフ風ポトフ

材料（4人分）

塩水漬けの牛肉…400g　じゃがいも…4個　にんじん…2本　キャベツ…4枚　黒こしょう…適量

❶じゃがいもは皮をむいて2つに切り、水に5分ほどさらす。にんじんとキャベツも大切りにする。

❷牛肉を塩水から取り出して鍋に入れ、①のにんじんを加え、水をひたひたに加えて強火にかける。

❸煮立ったらあくを除いて火を弱め、にんじんがやわらかくなったら、頃合いをみて①のじゃがいもとキャベツを入れる。2時間ほど煮たら、こしょうをひく。

★2時間ほどゆでた牛肉は、缶詰のコンビーフ同様に使える。

なすの塩水漬け

材料（作りやすい分量）

なす…5個　A〔塩…大さじ2弱　焼きみょうばん…小さじ½　水…2カップ〕

❶なすを食べ方に合わせて切り、Aにつける。

❷軽く重しをして3～4時間（あく抜きなら30分）でつかる。塩水から出すとだんだん色が悪くなるので、冷蔵保存するときは塩水につけたままで。

★ギュッと絞ってそのまま漬物風や辛子じょうゆあえなどに。

《塩もみ野菜》小松菜の塩もみと揚げかまぼこのグリーンご飯　レシピ p.21

小松菜を生のままできるだけ細かく刻み、
軽く塩をふって全体によく混ぜ、
しんなりして水けが出てくるまで待つ。
水けをよく絞れば、ご飯に混ぜたり、
汁物やめん類、炒め物やサラダの青みに大活躍。
p.19 参照

《塩漬け豚》の作り方

p.25 ～ 26 参照、レシピ p.30

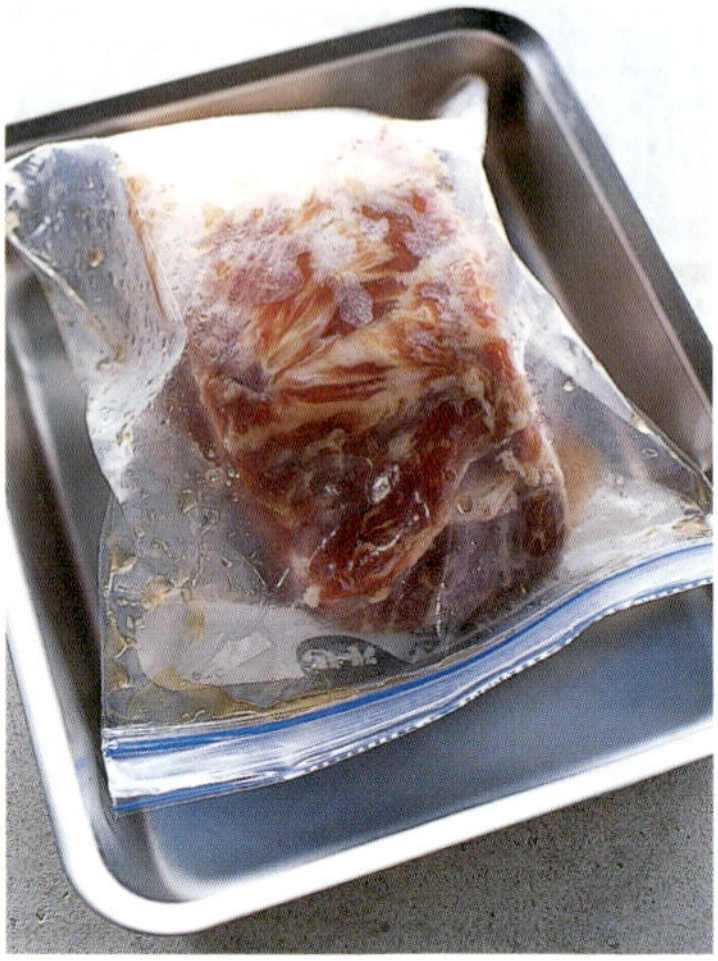

1. ジッパーつきのポリ袋に豚肉を入れ、
肉の8％程度の塩をまぶしてよくもむ。
バットにのせて、冷蔵庫に。
1～2日おくと、豚肉から水けが出て
うまみがギュッと凝縮される。

2. 豚肉の塩を洗い流し、
たっぷりの水に入れてゆで始める。
煮立つまでは強火、煮立ったら弱めの
中火にしてゆでる。途中あくが出たら、
あく取りやお玉などを使って除く。

3. 肉に竹串を刺してみて、
赤い汁が出るようならもう少しゆでる。
竹串を刺して、
薄いピンクの汁が出るようになったら
ふたをしてそのまま鍋の中で冷ます。

4. 冷めた豚肉を汁ごと保存容器に入れ、
冷蔵庫でストックする。
ゆでた肉をゆで汁に浸したまま
保存すると、肉がパサつかず
ジューシーに保てる。

《塩漬け豚》塩漬け豚のスライス　レシピ p.30

骨つきの鶏肉½羽分に粗塩をすり込み、
ホール状のクミン、コリアンダー、にんにくをひいたものを
まぶすとカレー風味になる。
バットに置き、オリーブオイルとこしょうをふって
冷蔵庫で保存。オーブン焼きにする。

《肉のマリネ》チキンのマリネ焼き　レシピ p.54

《野菜のマリネ》いろいろ野菜の甘酢漬け　レシピ p.57

《ゆで牛すね肉》

ゆで牛すね肉（下）と
ゆで牛すね肉のスライス（左）

p.68 参照、レシピ p.69

《ゆで牛すね肉》ゆで牛すね肉とれんこんのスープ煮　レシピ p.69

揚げカシューナッツ（右）
と揚げピーナッツ（左）。
そのままつまみにしたり、
ご飯やサラダに混ぜて。
p.76 参照

《揚げナッツ》レタスと揚げナッツのサラダ　レシピ p.77

下味をつけておく

——時間がおいしさを生み出す

A　まずは、「調味料をふるだけ」でも

刺身や切り身魚のなん切れとか少量の肉が、半端に残ってしまった、ということはありませんか。

そんなときは、調味料をパラパラとふる、まぶす、それだけしてください。この簡単なひと手間で、残りものを次の日の朝食や昼食、お弁当のおかずなどに生かせて、「ああ、これがあってよかった」と思うこともしばしば。

調味料だけでもいいですし、ときにはしょうが、にんにくなどの香味野菜も加えてみてください。より複雑な味わいになる上、日もちもよくなります。あとは焼いたり、煮たりして火を通します。このひと手間にいく度助けられたことか。

こうしてなん回か残りものの材料で試しているうちに、材料と調味料の割合とか、材料と香味野菜とのおいしい組み合わせも自然に分かってきて、いつの間にか料理上手への道を歩いているかも……。

ふだんの食事作りでも、適切な下処理ができるようになると、料理するのが苦にならなくなります。

しょうゆ＋酒——刺身や切り身魚、いろいろな肉に

まぐろのお刺身を盛り合わせて2～3切れ残ったとき、生ものはもたないからと無理して食べたりしていませんか。そんなときこそ、酒としょうゆ各少少をふって冷蔵庫に入れておきましょう。甘辛くしたいなら、酒の代わりにみりん少々を。こうしてお

けば翌朝は、フライパンでさっと両面焼くだけでお弁当のおかずが一品増えます。もしもご主人の酒肴にと思えば、酒としょうゆにしょうがのすりおろし少々をもみ込めばＯＫ。

　これがまぐろではなく、牛薄切り肉とかしょうが焼き用の豚肉、鶏もも肉でも要領は同じです。ここへおろしにんにくをちょっと入れても、おいしいですね。私はにんにく好きですから入れるときもありますが、微妙な味かげんは好みもあるので、これでなくてはというルールはなく、自由です。また味つけのベースがしょうゆではなく、塩＋酒でもいいですし、みそ＋みりんでもいいでしょう。

　とにかく、しょうゆ、塩、みそなど、材料に塩けをつける調味料のいずれかを用意。この調味料自体が、まず食品の保存性を高めてくれます。これに酒（日本酒、ワインなど）やみりん（甘みもプラス）といったアルコール分を加える、この組み合わせが基本。酒にはたんぱく質分解酵素が含まれ、肉や魚をふっくらとやわらかく仕上げてくれます。

　その上でしょうがやにんにく、ハーブ、スパイスなどを加えれば、さらに香りや防腐効果もアップし、奥深い味に仕上がるわけです。理由を知って使えば、覚えやすく簡単でしょ。

塩＋酒——淡白な味わいの魚介や鶏肉に

　しょうゆ＋酒（酒じょうゆ）や、しょうゆ＋みりん（みりんじょうゆ）の代わりに、塩＋酒（酒塩）が合う材料もあります。

　たとえば、魚介であればいか、えび、白身魚など、肉なら鶏ささ身や鶏胸肉などです。これらはどれも淡白な味わいの食材で、煮しめた色をつけずに上品に仕上げたいもの。ねぎなどを添えて蒸したり、あるいはちょっとあぶっていただきます。フライパンで軽く焼いたり、ラップをかけ電子レンジで加熱しても。

みそ＋みりん――ちょっと甘みを足すと美味

酒じょうゆにつける切り身魚や豚肉、鶏肉、牛肉などを、ときにはみそ＋みりんのみそ漬けにするとまた違った変化のある味が楽しめます。

魚や肉のみそ漬けはイタリアの家にいるときなど、私はむしろ外国でよく作ります。その土地の魚でもおいしくなるので、どの国の方にも喜んでいただけます。みそにちょっとみりんを足して、甘辛く仕上げると意外なことにどなたも好きなのです。みりんが手に入らなくて、みそ＋ワイン＋さとうで作ったことも。

みそにみりんと、好みで酒少々をふり混ぜ、ちょっと甘辛い程度のみそ床を作ります。多少ゆるくても大丈夫。容器の底にこのみそを敷き、魚か肉を入れて全体にまぶしてふたをし、冷蔵庫へ。1～3晩おいて（つけ込みすぎると具の風味が落ちてしまうので長くても4日までに）取り出し、みそを除いて焼きます。この時点ですぐ使う予定がなければ、具材の水けが抜けておいしい味がついているので、冷凍しておいても重宝します。

ガスコンロについている魚焼き器はとても便利で、みそ漬けなど焼き網ではなかなかうまく焼けない味つきの魚や肉も上手に焼けます。魚焼き器がない場合は、上火を強めにしてオーブンで焼きます。するとまるでサラマンダー（高温の炎を短時間当て、表面に焦げ目をつける業務用厨房機器）で焼いたようにカリッとし、とてもいい具合に仕上がります。特に電気オーブンは上火の調節が自由にできるのでおすすめです。

また、みそとかしょうゆに甘みをつけるとき、みりんではなく、メープルシロップ（205ページ）を使うというのもおすすめです。料理はあまり甘くしたくないけれど、「ちょっと甘みがあるとおいしい」というときにぴったり。みそ漬けならふつうのみそとメープルシロップを、3対1程度の割合で混ぜます。甘みがヘルシー素材なのもうれしいですね。

みそ漬けにするときは、魚や肉を直《じか》にみそ床につけてもいいのですが、きれいに焼き上げたい場合には、ガーゼを用いるといいです。魚や肉を、水を通し、しっかり絞ったガーゼに包んで、その周囲にまんべんなくみそが当たるようにしてつけるわけです。

みそ床は肉用、魚用と分けて冷蔵保存しておけば、2～3回は使い回すことができます。

〔残った魚介や肉を生かす〕

もちろん、ふつうのおかずとして作ってもOKですが、ここでは少量残ったときの気軽な調理法として紹介を。

（酒じょうゆで）まぐろの漬け焼き

材料と作り方（1人分）

❶まぐろの刺身3～4切れをジッパーつきのポリ袋に入れ、しょうゆ小さじ2、酒またはみりん小さじ1をまぶして冷蔵庫へ。
❷フライパンにごま油適量を熱し、両面を軽くソテーする。
❸好みでいりごま、青じその細切り適量をからめる。
★刺身にしょうゆ小さじ2、ごま油小さじ1、わさび少々をからめておき、翌日それをご飯にのせて「漬け丼」にしてもいい。

（みそ漬けで）豚肉のみそ漬け焼き

材料と作り方（1人分）

❶保存容器に、みそ大さじ1½、みりん大さじ½、酒大さじ½を入れて混ぜる。好みでここにおろしにんにく少々を入れてもおいしい。
❷しょうが焼き用の豚ロース肉2枚（70～80g）を①のみそ床に入れ、まんべんなくまぶしてつけ込む。
❸みそは焦げやすいので、豚肉についたみそをざっと落とす。サラダ油を熱したフライパンで両面をさっと焼く。

B　マリネしておく

mariner（マリネ）というフランス語を辞書でひくと、「肉、魚、野菜などを漬け汁につける。あるいはそうしてつけた料理」とあります。さらにmarinade（マリネ液）でひいてみると、「肉、魚、野菜などをやわらかくしたり、香りをつけたして保存するための漬け汁」というふうに書かれています。

そう、「マリネ」というのは、「おいしく保存するための漬け汁につけること」なのです。日本ではマリネというと、「酢の量は？」とか「油はどんなものを？」と細かいことを問われますが、つけこんでおくことがマリネ、と割りきってとらえたほうがレパートリーも豊富になると思います。そういう意味では、前の項でご紹介した「調味料をふるだけ」なども和風マリネといえるでしょう。

ヨーロッパでは日本や中国、東南アジアの国々のように干物文化というのがほとんどありません。スペインやポルトガルなどに干だらはあるものの、なぜか日本のような干物は見当たりません。

干した魚をささっと焼いて食べる——こういう保存法というか、干物文化があるのは、日本がいちばん発達しているのではないかしら。

けれども干して保存する方法がない国では、マリネがとても発達しているように思います。私も以前からマリネは作っていたものの、末娘が住むロンドンで改めてその威力を再認識した経験があります。彼女と中近東料理のレストランに通ううち、あまりのおいしさに調理場を見せていただくことになりました。そこで目にしたのは大きな冷蔵室の中にずらりと積み上げられたバットの山また山。肉、魚介、野菜とほぼ1週間分の材料がマリネして置いてあったのです。その店のおいしさの秘密はマリネだったというわけです。

　そこで私もそれまで以上にマリネをよく作るようになりました。その日のうちに食べきれなかった残った材料はもちろん、わざわざ多めに買ってきて作ったりもします。

　この、「マリネする」は、今日より明日、あさってがおいしいおすすめの調理方法です。マリネにスパイスやハーブを上手に使うことを覚えるとなにしろ便利。下味や香りがついておいしい奥深い味わいになる上に、日持ちもよくなるのですから。

　冷凍する方法もありますが、とりあえずマリネして冷蔵庫に入れておけば、あとは「さっと焼くだけ」とか「さっと煮るだけ」など調理がとても楽になります。食べたいときに、いいお味の料理がすぐにできる――これは本当にありがたいことです。

つける材料――生のままつける、加熱してつける

　ひと口にマリネといってもその方法はいろいろあり、大きく分けて次のようになります。

〈肉や魚介について〉

生のものに下味をつける…肉や魚を生のままで直接マリネ液につける。マリネというとお酢は必須と考えがちですが、別に米酢とかワインビネガーとかが入らなくてもいいのです。

加熱したものに下味をつける…肉や魚を蒸したり、焼いたり、ゆでたり、揚げたりなどと、火を通してからマリネ液につける。

〈野菜について〉

　野菜だけのマリネというとやはりピクルスのように漬物感覚のものが多くなりますが、それも肉や魚と同様にいろいろなつけ方があります。

生のままつける…生のものをつける場合と、塩もみして水分を抜いてマリネ液につける場合があります。

加熱してからつける…ちょっとゆでてからとか、ちょっと揚げてからのほうが味がしみ込みやすかったり、おいしくなったりするものもあります。いわゆる野菜だけではなく、ゆで豆などもその例。

　以上のようにマリネとひと口に言ってもいろいろな方法がありますが、漬け汁の材料も調味料、油、ハーブ（香味野菜を含む）、スパイスなど、種類も組み合わせも無限大。ときに応じて好きなように組み合わせればいいわけですが、どんな材料が使えるのかをあげてみましょう。

漬け汁の材料——組み合わせ方でなん百種類にも

調味料…塩、しょうゆ、酢（ワインビネガーや中国の黒酢を含む）、みそ、砂糖、酒（ワインや紹興酒を含む）、みりん、ナンプラーなど。

油…オリーブオイル、ごま油、サラダ油など。

香味野菜・ハーブ類…にんにく、しょうが、玉ねぎ、ローズマリー、タイム、オレガノ、セージ、バジル、フェンネル、香菜など。

★ハーブは生でもドライでも可。ドライハーブは賞味期限を確認して。古いと香りがなくなります。

★にんにく、しょうが、玉ねぎは、ふだんの料理のおいしさや保存力アップにも大活躍するので、なにがなくても常備しておきたい。

スパイス…こしょう、唐辛子（パプリカを含む）、山椒（花椒《ホワジヤオ》を含む）、八角、カレー粉、ローリエ、シナモン、クミン、コリアンダーなど。

★唐辛子、ローリエ、シナモン、クミン、コリアンダーなどは、そのままでは香りが出にくいので、軽く炒めて香りを出します。

★カレー粉は重宝するミックススパイス。数種から30種類の香辛料をブレンドした市販のカレー粉もありますが、好きなスパイスをホール（粒状）で求め、使うときにつぶして用いると、抜群の香りが楽しめます。私はコリアンダーやクミンを多くすると香り高くて好きです。

わが家の基本のマリネ液の組み合わせ

たとえば、薄切り肉が2~3切れとか切り身魚が1切れ残ったら、先にご紹介したような材料からどれを選んでマリネしてもいいわけです。となると、その組み合わせたるやきりがないほどです。

わが家の基本は、にんにく+ローズマリー+オリーブオイル+塩・こしょうの組み合わせ。ときには、これにレモン汁を加えることもありますが、それぞれの量は適量で、パッパッと少量ずつふったり、まぶしたりしておきます。

「オリーブオイルは、材料がひたるくらい入れなくて大丈夫ですか?」という質問をいただきますが、オリーブオイルは、マリネを冷蔵するときは表面をコーティングする程度で大丈夫です。

ローズマリーなどのハーブやオリーブオイルの防腐効果だと思うのですが、このマリネ液に肉や魚をつけておくと、冷蔵庫の中で5~7日はもちます。

スパイスの効果で言えば、カレー粉などは何種類ものスパイスがミックスされたものですからもっと活用したいもの。

マリネした肉や魚は、ちょっと焼くだけでおいしいし、ここに野菜の塩もみとかピクルスがあれば、あっという間に一皿になります。

また、焼くだけでなく、カレー粉を加えたり、あるいはトマトとともに鍋に入れてただ煮込むだけで、とてもやわらかくおいしくなり、なんとも言えない深みのある味わいに……。ともかくマリネ液に材料をつけておくと、時間がおいしさを引き出してくれるので、「つけておくのがミソね!」と、やりながら実感しました。

肉は大きいままでも、ひと口大に切ってつけてもいいのです。大きいままなら、あとから食べやすいように切ればいいでしょう。また、切ってつければたとえばバーベキューにするなら串にそのまま刺せますし、オーブンにそのまま入れて焼くだけで大ごちそうができます。

あるとき、料理教室のスタッフもみんな食べたいというのでわが家の基本のマリネ液で「鶏肉のマリネ」を大量に作りました。ついつい忙しくて保存してから1週間たち、「もう、傷んでいるかも」と言いつつ焼いてみると、「エーッ、おいしーい！」。このとき鶏肉をステンレスのバットに入れ、ステンレスのふたをしていたことがより保存性を高めた原因ではないかと思います。同じ季節に同じ冷蔵庫に入れても、ステンレス容器とプラスチック容器では冷え方が全然違います。ステンレス容器は中身を凍らせずに冷たさを保ちます。

にんにく＋ごま油＋酢＋酒＋砂糖——炒め物の肉に

牛肉でも豚肉でも、炒め物に使う薄切り肉にこの下味をつけておくと傷みにくくなりますし、たとえそれがこま切れ肉でも切り落とし肉でもおいしくなるので、うちでいちばんよくやる方法です。

ちょっと中華風の調味になりますが、おろしにんにくにごま油、酢、酒、それに砂糖少々を混ぜます。場合によっては、片栗粉を入れることもあります。このように薄切り肉に下味をつけておきますが、よく考えるとこの調味には塩けが全然入っていません。肉を締める働きの調味料がないので、かたくならずに驚くほどやわらかく仕上がるのです。

これを肉だけで炒めて、あとで野菜を切って添えてもいいですし、この肉と細切りのピーマンをいっしょに炒めて、オイスターソースやしょうゆ少々で味つけすれば青椒肉絲《チンジャオロースー》になります。ピーマンではなく、トマト、なすやきのこ、それに春雨を使ってもおいしいですし、たっぷりの玉ねぎを使っても。ご飯のおかずにぴったりです。

小さいボウルに入れて作っておけば、2〜3日は使い回せます。ただの薄切り肉をフライパンで炒める場合と、この下味をつけた肉を炒めるのと全然味が違うので、わが家ではこの肉野菜炒めがよく登場します。ご飯にもとても合います。

下味をつけるとき、にんにくの代わりにしょうがを使ってもOK。味つけの秘訣は、酢とごま油と、さらに砂糖少々が入っていること。この組み合わせによって、複雑で奥深い味になります。砂糖は決して甘い味にするためのものではなく、酸味をやわらげると同時に、肉をやわらかくするために用います。甘みを感じるほど入れてしまうとそれがじゃまになるのでご注意を。

いっしょに炒める野菜は切っておくと味が落ちるので、炒める直前に切るのがコツです。

酢＋塩少々——赤玉ねぎによく合う

赤玉ねぎの酢漬けはよく作る一品です。いわば野菜のマリネですが肉料理とも魚料理とも相性がよく、ワインにも合う上に、赤玉ねぎのルビー色がうっとりするぐらい美しい……。

たくさん作りおきするときは、あらかじめマリネ液（漬け汁）を調合しますが、ふだんはもっと気軽に作ります。玉ねぎの辛み抜きも不要です。

まず、赤玉ねぎを1センチ幅程度のざく切りにし、小ボウルに入れて塩少々を混ぜます。次に酢（米酢やワインビネガーなど）をふり混ぜてふたをし、そのまま冷蔵庫へ。好みでローリエや粒こしょうなどを入れますが、基本的には塩と酢をからめて冷蔵庫に入れておくだけなので簡単。

ところが、時間の経過とともに玉ねぎの辛みが消えて味がなじみ、さっぱりと歯ごたえがよく、とてもおいしくなっているので、うれしくなります。これをカレーライスの脇に添えたり、焼いた肉に巻いたり、スモークサーモンとのサラダにしたり、いろいろに使えます。この赤玉ねぎの酢漬けをサラダベースにすると、お皿の中がパッと華やいで、味のみならず見た目にも効果的なのです。

塩もみ野菜＋漬け汁――水分を多く含む野菜に

酢漬けの野菜にするというと、よく「あっ、ピクルスですね」と言われて、そのあと「あれはめんどうですよね」と続けられます。でも、先の赤玉ねぎの酢漬けだってピクルスの一種なのです。基本は塩と酢でマリネする、です。

生の野菜を酢につけるには、初めから塩と酢をふる方法と、塩もみしてから酢をふる方法があります。きゅうりや大根のように水分を多く含む野菜は、塩もみして水けを出してから酢に漬けるほうが、味がしみ込みやすく、保存性もよくなります。

また、塩と酢だけでは酸っぱくて……という人はここへ砂糖を少し入れればいいし、砂糖はちょっとという人はメープルシロップにすればよりマイルドでヘルシーになります。味が濃すぎる場合は水で薄めたり、オイルを加えたりしてもOKですから、まず「ピクルスの調味液は？」というふうに考えずに調整すればよいのです。

キャベツとか白菜も同様に、生のままちょっと塩もみをして酢、砂糖、オイルやスパイスなど、好みの味つけでマリネしておくととても重宝します。

軽く加熱した野菜＋漬け汁――少しかための野菜に

野菜を酢につける次の方法は、熱湯に通してから漬け汁につけるというもの。たとえば、カリフラワー、にんじん、れんこんのようにごろんとした野菜は、10〜15秒程度熱湯に通し、酢、塩、水などを合わせた漬け汁につけると、味がよくしみます。れんこんのようにあくが強い野菜を白く仕上げたいときは、片栗粉を溶かした水につけ、あく抜きします。

大きな保存容器にたっぷりの漬け汁を用意し、ここへさっと湯通しした野菜を先につけておき、あとからセロリとかパプリカとか塩もみしたきゅうりなど、生の野菜を加えていきます。すると、白、赤、黄、グリーンなどと彩りもどんどんきれいになって楽しくなってきます。

このように酸味のある液体につける場合は、ガラス製やホーロー製の容器がよいでしょう。とにかく、つけた野菜が2〜3種類でも作ってあれば、お弁当作りの際にわざわざ野菜料理を考えなくてすみますし、忙しくてビタミン不足のときも、こうした漬物風の野菜でご飯がおいしくいただけます。

甘酢だれ＋野菜――和風マリネのすすめ

前述したように、マリネというのは材料を漬け汁につけることをいうので、必ずオイルと酢を入れなければならないということではありません。オイルを入れたり入れなかったり、塩をしょうゆに、酢をレモン汁に代えたり、スパイスのこしょうを赤唐辛子にしたりなど、その組み合わせを変えていくと難なくいく通りもの味ができるのです。

にんじんも輪切りにせずに、生のまません切りにし、同様にせん切りにした昆布と合わせて、酢、酒、しょうゆにつけ、甘くしたければ砂糖少々も加えます。ここにするめを入れれば松前漬けになりますし、大根の皮を干してせん切りにして入れてもいいし、いろいろ工夫すると楽しいです。水分を多く含む野菜を入れると、液が薄まり、もちが悪くなります。にんじんとか干し野菜はそんなに水分が出ないせいか、マリネ液のもちがよいようです。

２０５ページの「甘酢だれ」でも登場しますが、酢、砂糖、塩を合わせた甘酢ベースの漬け汁を自分好みの味に作り、ここへ好きな野菜をつけておくととても便利です。

たとえば、ラディッシュ。これはさっぱりして、色もきれい。プチトマトも負けずにチャーミングでおいしい野菜です。ヘタの部分に十文字の切り込みを入れ、味をしみ込みやすくしてつけるのがコツ。しっかりしたふつうのトマトなら、切り分けてから種を除いて。ただし、水分を多く含むトマトは、夜食べるなら昼ごろつけ、半日ぐらいおいてその日に食べきる量を作るようにしましょう。

マリネは「自分流に楽しむ」が基本

マリネは手軽でおいしいので、つい同じものを繰り返しがち。甘酢漬けも年中同じものではなく、「今日はキャベツがあるから、キャベツでやってみよう」とか、「しょうがか唐辛子を入れたらおいしいかも」と、いろいろ試してみましょう。

そうやっていくと「今日はこれを！」とか、「これは入れられないわ！」ということが分かってくるはず。セロリ、きゅうり、大根、れんこん、にんじん、みょうが、しょうがなど、そのときあるもので作り、「決まってない」というのが家庭料理の楽しさです。同じ甘酢ベースでも、色がきれいになったり、ピリッと辛みがきいたりと、全然違う料理になります。このように、やっていくうちにどんどん発展していくおもしろさがあるのがマリネです。

〈肉や豆腐、魚介をマリネする〉

マリネ液の材料や組み合わせに規則はありません。ここではとくにわが家でよくやるものをご紹介します。

〈わが家の基本のマリネ液に〉豚肉のマリネ焼き

材料と作り方（4人分）

❶豚ヒレ肉350gは1.5㎝厚さに切ってバットに重ならないように並べ、塩、こしょう各少々をふり、にんにくのみじん切り1〜2片分、ローズマリー3〜4枝（ドライなら適量）、オリーブオイル大さじ4をまんべんなくふりかけ、2時間以上おく。

❷フライパンに①を移して、中火でまわりをこんがり焼いて、次に弱火で中まで火を通す。

★鶏もも肉でもよく合う。生のローズマリーを使う場合は、茎に苦みがあるので葉だけを使うようにする。

〈カレー風味のマリネ液に〉チキンのマリネ焼き

photo p.36

材料と作り方（作りやすい分量）

❶ホール（粒）状のクミンとコリアンダー各小さじ1、にんにく1片は、フードプロセッサーで粗くひく。

❷骨つき鶏肉1/2羽分に粗塩適量をすり込み、①をまぶしてオリーブオイルとこしょうをふって2時間以上おく。

❸②を鉄製のフライパンか天板にのせ、220度のオーブンでこんがり焼き色がつくまで20〜25分程度焼く。

★クミンとコリアンダーはカレーに欠かせない香辛料。フードプロセッサーがない場合は、乳鉢やすり鉢でつぶしてもOK。

〈レモン汁のマリネ液に〉豆腐のマリネグリル

材料（4人分）

豆腐…1丁　パプリカ（赤・黄）…各2個　マリネ液〔レモン汁…1個分　オリーブオイル…大さじ4　ローズマリー…2枝　赤（黒でも）粒こしょう…20粒　赤唐辛子…1本　塩…小さじ2/3〕

❶豆腐はさらしふきんで包んで重しをし、厚みが半分になるくらいまで水きりをし、8等分に切る。

❷パプリカは、外側から包丁で太めのそぎ切りにしてゆき、残ったヘタと種の部分を除く。

❸バットにマリネ液の材料を合わせ、①の豆腐と②のパプリカを加えて2時間以上つけておく。

❹ガスコンロについている魚焼き器を熱して、③のマリネした材料を並べ、両面をこんがりと焼く。

★豆腐をしっかり水きりしたいときは、皿数枚やまな板などをのせ、1時間ほどおく。

★時間がない場合は、豆腐をキッチンペーパー2枚で包んで耐熱皿に置き、豆腐の上に重し（水を張った耐熱皿など）をのせて、豆腐1丁につき約3分、電子レンジで加熱する。

（＋カレー粉のマリネ液）焼き肉のホットサラダ風

材料（4人分）

焼き肉用牛肉…300g　マリネ液〔塩・こしょう…各少々　カレー粉…大さじ2　おろしにんにく…2片分　オリーブオイル…大さじ4〕　トマト…4個分　赤玉ねぎ…½個　レタス…8枚　A〔オリーブオイル…大さじ2　酢・しょうゆ…各大さじ3〕

❶牛肉にマリネ液の材料を順にまぶして下味をつけておく。

❷トマトは皮を湯むきして1㎝厚さに切り、赤玉ねぎは薄切りにして水に放し、水きりする。レタスは食べやすい大きさにちぎり、以上の野菜を各器に盛る。

❸フライパンに①の牛肉を移して両面を色よく焼き、②の野菜の上にのせる。

❹焼き汁の残ったフライパンにAの調味料を入れて煮立て、このホットドレッシングを③の上からジャッとかける。

★生野菜はクレソン、セロリ、きゅうりなどでもよく、なすをオリーブオイルでソテーしたものを加えてもおいしい。

（マリネして煮込む）鶏肉のマリネ煮込み

材料（作りやすい分量）

骨つき鶏肉…1羽分（約1kg）　マリネ液〔塩・黒こしょう…各少々　ローズマリーの葉…5枝分　オリーブオイル…大さじ5～6〕　にんにく…5片　トマトの水煮…1缶分（400g）　塩・こしょう…各適量

❶骨つき鶏肉はぶつ切りにしてボウルかバットに入れ、マリネ液の材料を入れてよく混ぜ、ラップをして2時間以上おく。

❷にんにくはたたきつぶす。

❸トマトの水煮をハンドミキサーかへらでよくつぶす。

❹鍋に①、②、③を入れ、汁けが少なくなるまで煮て、塩、こしょうで調味する。

★マリネ液には好みでおろしにんにくを入れてもいい。1羽分の鶏肉をまとめてマリネし、あとは食べたい分だけ取り出し、そのつど煮てもOK。トマトの代わりに白ワインで煮ても美味。

（魚介のマリネ）あじのマリネ

材料と作り方（4人分）

❶あじ（3枚におろしたもの）中2尾分は皮を下にしてバットに並べ、多めの塩をふって冷蔵庫に1時間ほどおく。

❷流水であじの塩を洗い流し、水けをふいて皮と骨を除く。

❸あじをバットに並べ、半分ほど浸る程度に白ワインビネガーを注ぐ。全体が白っぽく変わったら、そぎ切りにして玉ねぎの塩もみなどと器に盛り、オリーブオイルをかけ、ケイパーをふる。

（炒め物の肉に）牛肉としめじのかき油炒め

材料（4人分）

牛切り落とし（こま切れ）肉…200g　本しめじ…2パック　マリネ液〔おろしにんにく…1片分　ごま油・酢・酒・砂糖…各小さじ2〕　片栗粉…小さじ2　サラダ油…大さじ2　豆板醤…小さじ1　かき油…大さじ1　しょうゆ…大さじ1強

❶牛肉はひと口大に切ってマリネ液をもみ込み、冷蔵庫に20分以上おき、使うときに片栗粉を加えて混ぜる。

❷本しめじは石づきを除いて小房に分ける。

❸フライパンか中華鍋にサラダ油を熱して①の牛肉を入れ、強火で炒める。牛肉の赤みが残っているうちに豆板醤を入れて香りを出す。②のしめじを加えて炒め合わせ、かき油としょうゆを回し入れ、手早く炒める。

★中華風の炒め物は、「強火で手早く」がコツ。前もって調味料を全部準備しておいてから炒め始めること。

★下味用のマリネ液は各調味料を同量ずつびんに入れて作っておくと便利。使うときはよく振り、肉200gに対して大さじ3ほどをもみ込む。早めに使いきるなら、おろしにんにくを入れてもOK。安い肉でもやわらかくおいしく仕上がってお得。

〔野菜をマリネする〕

野菜のマリネは酢を使うとさっぱりした味わいに。ふつうの酢の代わりに、ときにはワインビネガーやレモン汁を用いるときりっと酸味のきいた風味が楽しめます。

（塩＋酢でまとめ作り）赤玉ねぎの酢漬け

材料と作り方（作りやすい分量）

❶赤玉ねぎ3個は縦半分に切り、切り口を下にして縦に1㎝幅に切ってボウルに入れ、塩小さじ1強を混ぜる。

❷①にワインビネガーを$1\frac{1}{2}$カップと水$\frac{1}{2}$カップを注ぐ。

❸汁ごと保存容器に入れ、冷蔵庫で一晩おけば食べられる。

（レモン汁で）きのこのマリネ

材料と作り方（4人分）

❶生しいたけ5個は石づきを除き、4つに裂く。本しめじ1パックは石づきを除き、小房に分ける。

❷鍋にオリーブオイル、みじん切りにしたにんにく1片分、①のきのこ、白ワイン、塩、こしょうを入れ、ふたをして2分ほど加熱する。

❸②の仕上げにレモン汁を絞り、塩、こしょう各適量を入れてよく混ぜ合わせ、冷蔵庫に2時間以上おく。

★パプリカか赤玉ねぎとマリネすると、彩りがよくなる。

★キリッと冷やした白ワインによく合う。

（塩もみ野菜＋マリネ液で）きゅうりの即席ピクルス

材料（4人分）

きゅうり…2本　玉ねぎ…½個　ディル（あれば）…3～4本　塩…小さじ2　マリネ液〔酢…大さじ3　水…大さじ2　塩…少々　にんにく（つぶす）…1片　赤唐辛子…1本　キャラウェイシード…小さじ½〕

❶きゅうりは小さい乱切りにし、玉ねぎは薄切りにする。

❷①にちぎったディルを加え、塩をふってもみ、しばらくおいてしんなりしたら水けを絞る。

❸赤唐辛子は種を除いてちぎり、ボウルにマリネ液の材料を合わせて②の野菜を入れ、2時間以上おく。

★キャラウェイシードはさっぱりした甘い辛みと苦みのあるスパイス。残ったらコールスローやサラダに散らして使いきって。

★バルサモ・ビアンコ（透明のバルサミコ酢）を使うと、ほのかに甘味のあるピクルスができる。

（軽く加熱＋塩もみ＋甘酢で）いろいろ野菜の甘酢漬け

photo p.37

材料（作りやすい分量）

カリフラワー…½個　きゅうり…1本　セロリ（葉つき）・にんじん…各½本　赤玉ねぎ・パプリカ（黄）…各½個　赤唐辛子…1本　酢…½カップ　砂糖…大さじ3　塩…適量　黒こしょう…少々

❶野菜はそれぞれ食べやすい大きさに切る。

❷カリフラワーとにんじんは熱湯で15秒ほどゆで、赤唐辛子は種を除く。

❸カリフラワーとにんじん以外の①の材料をボウルに入れ、野菜の重量の2～3％の塩をふってもみ、水けをよく絞る。

❹②と③の野菜に酢と砂糖、黒こしょうを加えてあえ、2時間以上おいて味をなじませる。

ゆでて（蒸して）おく——そのあと、いろいろな味つけで

A　「ゆで鶏」「ゆで豚」は小さい火で

肉でも野菜でも、時間があるときにまとめてゆでておくと、あとがとても楽になります。

とくにゆで鶏やゆで豚は、ゆでた肉はもちろん、ゆでるのに使った水もおいしいスープになるので、ぜひ、おすすめしたい調理法です。

ゆで鶏——丸ごとゆでると合理的

イタリアの家に帰ると、家中の掃除や庭の手入れなどの仕事が山積みですが、ゆっくりもしたい。そこでまず、鶏を丸ごと1羽ゆでることにしています。これで2～3日は余裕をもっておいしい食卓ができます。

鶏肉というと丸ごと1羽買ってくるのがイタリアでは一般的なので、今では私もそれが習慣になっています。小さめの鶏でしたら、1羽丸ごとポンと鍋に入れてゆでるだけなのでとても簡単。もも肉、胸肉、ささ身、手羽肉といろいろな部分の肉がバラエティ豊かに味わえますし、内臓や骨も含まれるので、より多くの栄養をとることもできます。スープもコラーゲンたっぷりで、おいしいこと！

その上、1羽（まとめ）買いのほうがどうみても経済的です。もちろん、部位ごとにさばいたものでも大丈夫。けれども、骨つきの大切りのものを使ってください。

では、そのゆで鶏の作り方。深鍋に鶏肉と香味野

菜、それがかぶるくらいの水を入れて強火にかけます。煮立ち始めたら軽く煮立つ程度の弱めの中火に直して、あくをていねいに除き、ふたをせずにコトコトと鶏肉がやわらかくなるまで煮込むだけ。

　香味野菜というのは、鶏肉の臭みをとり、よい香りをつけるためのもので、ゆでた鶏肉を和風やアジアンテイストの料理に生かしたいときはしょうがや長ねぎ、洋風に生かしたいときは玉ねぎ、セロリの葉、にんじんの皮、ローリエなどを入れます。要は鶏肉によい風味がつけばいいのですから、手元にある香味野菜でいいのです。

　また、かつてはここへ固形スープ１個をくずし入れてゆでていましたが、最近はなるべく自然のものだけを味わいたいので、くず野菜（皮や芯）などをとっておいてポンポン多めに入れるようにし、スープの素は使わなくなりました。

　ゆで鶏を作るときのいちばんのポイントは、決して煮立てすぎず、ずっと弱めの火で静かに静かにゆでること。それが鶏肉のうまみを逃さずにしっとりと、濁りのないスープに仕上げるコツなんです。途中であくが出ますから、まめにすくいます。また、スープには軽く塩味をつけておきます。

　ゆで上がったら火を止め、ゆで汁につけたまま冷ますのも、鶏肉をジューシーに仕上げるコツ。

　こうしてゆで上がった鶏肉は、汁ごと容器に入れて冷蔵庫で保存します。ゆで鶏はそのままの形で汁につけておいてもいいし、手で身を裂いてつけておいてもいいのです。２〜３日で使いきるなら冷蔵しておきますが、当日使ってしばらく間をおくというときには、汁ごと冷凍も可能です。冷凍するときには、ちょっとめん料理や雑炊が食べたいというときのために、小分けにして冷凍すると重宝します。

ゆで上がった鶏肉は、まず包丁で大まかに切り分けて、好みのたれでいただく、これがいちばんシンプルにゆで鶏のおいしさが堪能できる方法です。

たれはその日の献立や気分に応じて、辛子じょうゆや梅肉だれ、ごまだれなどの和風でも、ごま油や酢、中華調味料をきかせた中華だれ、ハーブをたっぷり使ったグリーンソースなどお好みで。

私はハノイの屋台で、ＧＨＡ《ガー》（鶏肉）の文字を指さしたら出てきたハノイ風のたれもとても気に入っています。鶏肉にバイマックルー（こぶみかんの葉）を刻んでのせ、そのすばらしい香りに、塩とすだち、唐辛子を混ぜたたれをつけていただくもので、こんなにすがすがしい鶏肉料理はありません。

また、和・洋・中華のたれやドレッシングでゆで鶏を野菜などとともにあえれば、バリエーション豊かなあえ物やサラダもでき上がります。

もう一歩進めて、ゆで上がった鶏肉を食べやすく切り、玉ねぎ、セロリなどの野菜といっしょにオリーブオイル、レモン汁（またはワインビネガー）、塩、こしょうなどをまぶしてマリネしておくと、酒肴やお弁当に重宝します。

1羽丸ごとゆでた場合は、手羽先の部分におろしにんにくとしょうゆをすり込んで焼くと、香ばしいビールのつまみになります。また、ゆで鶏の各部分の肉に小麦粉をまぶして、から揚げにすると、いろいろな味が楽しめるとともに、全体的に脂っぽさが抜けて表面がカリッと仕上がります。ふつうのから揚げが苦手という人でも、これなら大丈夫。山椒塩などをつけてさっぱりといただきます。

ゆで鶏のもうひとつのお楽しみは、なんといってもよくだしの出たスープです。この汁とゆで鶏で作ったエスニック風のスープめんは、娘たちも大好き。また、スープに冷やご飯とゆで鶏を入れて煮た雑炊風のご飯も、お夜食のほか、二日酔いや病気のときの助けの神になります。

ゆで豚——弱めの火で、時間をかけてやわらかく

　ゆで豚は肩ロース肉、もも肉、バラ肉（三枚肉）など好みの部位を選び、ひとかたまり５００グラム前後で２つを限度（１キロ）にゆでると扱いやすいと思います。

　ゆで方はゆで鶏とまったく同じで、深鍋にかたまり肉としょうが、長ねぎなどの香味野菜と、かぶるくらいの水を加えてゆでます。ゆで時間は肉の量に応じて違うので、竹串を刺して確認をしてください（63ページ参照）。

　途中、強火でぐらぐらゆでると肉のうまみが逃げ、スープが濁ってしまうので要注意。ゆでた肉を汁の中で冷まし、ジューシーに仕上げる点も同じです。

　ゆで上がった2かたまりの豚肉の片方には熱いうちに粗塩をすり込み、さめたらラップで包み、ポリ袋に入れて冷蔵庫へ。もう片方は酒で溶いたみそ（好みでおろしにんにくも）を塗り、みそ漬け豚にしても変化球の味が楽しめます。

　一晩以上おいて肉に味がしみたら、薄く切り生野菜とともにいただいたり、あえ物やサラダ、めんやパンの具、炒め物やチャーハンの具に活用します。

　このゆで豚は、25ページで紹介した塩漬け豚や43ページのみそづけ豚と似ていると思いませんか。そう、塩やみそにつけてから加熱するか、加熱してから塩やみそをしみ込ませるかの違いです。

　それぞれ口当たりが違うので好きずき。ゆで豚は表面に塩味がしみて身がやわらかく、熱いうちに切るとくずれやすいし、塩漬け豚は身が締っていて、熱いうちに切っても身がくずれないのが特徴です。

ゆで鶏

材料と作り方（作りやすい分量）

❶鶏丸ごと1羽か鶏もも肉大2枚（またはもも肉と胸肉各1枚でも）とたたいたしょうが1片、長ねぎのぶつ切り1本分（または、玉ねぎ、セロリの葉、ローリエなどの香味野菜でも）を鍋に入れ、かぶるくらいの水を入れて軽く塩を加えてから火にかける。

❷煮立つ直前にふつふつというくらいの弱火にし、あくを除く。決して煮立てすぎずにコトコトと煮ること。

❸鶏の大きさにもよるが丸ごと1羽なら30～40分、もも肉や胸肉なら20分ほど煮て、汁の中でそのまま冷ます。

〔ゆで鶏を使い回す〕

鶏丸ごと1羽をゆでても、もも肉や胸肉などの部位をゆでても、使い回す料理はそれほど変わらないのでご自由に。

（切るだけで）ゆで鶏の辛子じょうゆ

材料と作り方（2人分）

❶ブロッコリー½株は小房に分けて歯ごたえよくゆで、すりごま、かつお削り節、しょうゆ各少々を加えてあえる。

❷もも肉大1枚のゆで鶏は食べやすく切って、①とともに器に盛り、練り辛子としょうゆ各適量を添える。

（中華だれで）ゆで鶏の中華だれかけ

材料（4人分）

ゆで鶏…½羽分　中華だれ｛しょうゆ…大さじ3　酢・酒・ごま油…各大さじ1　豆板醤…小さじ2　しょうが・にんにくのみじん切り…各1片分｝　いりごま…適量　長ねぎ…20cm　香菜…2本

❶ゆで鶏は骨をはずして大まかに裂き、器に盛る。

❷中華だれの材料を合わせて①にかけ、いりごまをふる。

❸長ねぎは5cm長さの細切り、香菜はざく切りにして合わせ、ゆで鶏にのせる。全体を混ぜながらいただく。

（エスニック風たれで）ゆで鶏のハノイ風

材料（4人分）

ゆで鶏…½羽分　バイマックルー…5～6枚　ハノイ風たれ｛すだちの絞り汁…4個分　一味唐辛子または粗びきこしょう…少々　塩…少々｝

❶ゆで鶏は骨つきのまま包丁で大まかに切り、器に盛る。

❷バイマックルーの葉を細く刻んで①にのせる。

❸小皿にたれの材料を混ぜ、これをつけながらいただく。

★バイマックルーはベトナム料理に欠かせないハーブで、こぶみかんの葉のこと。英語名はカフィルライム。なければ香菜で。

★すだちのない時期にはライム1個分の絞り汁でも

（サラダに）ゆで鶏のマリネサラダ

材料（4人分）

ゆで鶏（鶏もも肉）…大1枚　玉ねぎ…1/2個　セロリ…1本　ピーマン…2個　ラディッシュ…5個　マリネ液｛オリーブオイル…大さじ3　レモン汁…小1個分　塩・こしょう…各少々｝

❶玉ねぎとセロリは薄切りにして水につけ、水けをきる。
❷ゆで鶏は食べやすく切り、①の野菜とピーマンの角切りを混ぜて、マリネ液につける。
❸ラディッシュは水につけパリッとさせ、縦半分に切る。
❹器に②を盛り、③のラディッシュを彩りよく飾る。

（めんに）エスニック風スープめん

材料（2人分）

ゆで鶏（裂いて）…１００ｇ　鶏スープ…3カップ　中華乾めん（卵めんまたはえびめん）…2玉　しそ…3枚　ナンプラー…大さじ2　塩…小さじ2/3　香菜・黒こしょう・赤唐辛子…各適量

❶しそと香菜はざく切り、赤唐辛子は小口切りにする。
❷中華乾めんはゆでてざるにあげる。
❸スープごとゆで鶏を温め直し、めんを入れてほぐす。
❹調味料と黒こしょうを加え、器に盛って①を散らす。

ゆで豚

材料と作り方（作りやすい分量）

❶豚肩ロース肉（または豚もも肉）５００ｇのかたまり2つを深鍋に入れる。たたいたしょうが1片と長ねぎ1本のぶつ切りを加え、かぶるほどの水を注いで火にかける。
❷煮立ったら弱めの中火にしてあくを除き、40分ほど煮る。竹串を刺し、出てくる肉汁が澄んでいればゆで上がり。肉の形によってゆで時間が異なる。肉は汁ごと冷ます。
★このゆで豚は、30～31ページの塩漬け豚や44ページの豚肉のみそ漬け焼きと同じような料理に使える。

（煮豚に）ゆで豚で作る煮豚

材料と作り方（作りやすい分量）

❶豚もも肉のゆで豚５００ｇを鍋に入れ、ゆで汁1カップを注いでさらに煮続ける。
❷汁けがなくなり、鍋のまわりが焦げて香ばしくなってきたら、酒大さじ2、みりん・しょうゆ各1/3カップを注いで煮立てる。肉をころがして煮汁をからめ、煮汁がとろりとしてきたら火を止める。
★ゆで豚を煮豚にしておくとさらにもちがよくなる上、味がつくのでスライスしてそのまま幅広く使える。

B　「蒸し鶏」はうまみを逃さない調理法

先にゆで鶏をご紹介したので、「蒸し鶏もそれほど変わらないのでは」と思う方も多いと思います。もちろん、仕上がりに大差はないにしても、調理法や味わいなど、それぞれに特徴があるので、その日の気分や目的に応じて選ぶといいでしょう。

「ゆで鶏」は材料を鍋に入れ、水からゆでるだけなので、調理法が簡単で手軽にとりかかれる点がいいですね。また、鶏肉料理と鶏スープが同時にできるので、それもうれしい点のひとつです。

「蒸し鶏」は蒸す道具が必要になりますが、〝蒸す〟という調理法は素材本来のおいしさを味わう最良の方法。じんわりと火が通り、うまみがギュッと閉じ込められて、よりジューシーに仕上がります。蒸し汁が出るので、これも捨てずにめんやたれ、ご飯料理のスープに利用するとおいしさもひとしお。

一般的な二段式の蒸し器がなくとも、深鍋に付属の脚つきの網（スチームデッキ）をセットしたり、中華せいろとか簡易蒸し道具などを用いてもＯＫです。また、電子レンジは蒸す作業が得意なので、レンジ加熱する方法もあります。私のふとした失敗から生まれた「酒蒸し鶏」なら、厚手の鍋さえあれば大丈夫なので、これもご紹介しましょう。

蒸し鶏――ゆで鶏同様、その使い道はきりがない

蒸し器があれば、蒸し鶏はとても簡単です。もも肉、胸肉など、好みの肉に塩少々をすり込み、深めの器に並べて酒（肉1枚に大さじ2）をふります。この器を蒸気の上がった蒸し器に入れ、15～20分ほど蒸せばでき上がり。そのままさまし、食べやすく裂いて、蒸し汁につけておけば冷蔵庫で保存がききます。

この蒸し鶏の使い道は、ゆで鶏と変わりません。和・洋・中華・エスニックのたれやドレッシングを、切り分けた肉につけたり、あえ物やサラダにしたり、マリネ液につけて仕上げることもできます。また、炒め物やご飯物、めん類やパン類などの具にしてもおいしいですし、ゆで鶏同様、蒸し鶏もから揚げにするとなぜかおいしい。皮の下にある脂分や肉に含まれる余分な水分が抜けているのでとてもさっぱり仕上がる上、水けが少ない分カリッと揚がり、香ばしさも増します。

残った分は小分けにして冷凍しておけば、昼食の冷やし中華や夜食のラーメン、お茶漬けの具に。

レンジ蒸し鶏——忙しいとき、蒸し器いらずで

蒸し器を出すのがおっくうになるほど忙しいときや急ぐときには、電子レンジで加熱すると簡単に蒸し鶏を作ることができます。

もも肉か胸肉２枚（４００グラム）に塩をぬり、包丁で皮をつついて縮みにくくしておきます。耐熱皿に皮を上にして並べ、酒大さじ２〜３をふります。あれば長ねぎやしょうがの薄切りをのせ、ふんわりとラップをし、８分ほどレンジ加熱をして蒸し汁ごとさまします。丸ごとの鶏なら骨つきで大まかに裂いて耐熱皿に並べ、同じ割合で加熱します。

酒蒸し鶏——多めの酒と厚手の鍋で作る

以前鶏肉の白ワイン蒸しを作ろうとして、うっかり焦がしてしまったことがあります。うっすら焦げた鍋底にワインビネガーやオリーブオイルを注いでこそげ、お焦げドレッシングにしたら鶏皮の香ばしさとドレッシングが意外に合いました。

これを機会に、鶏肉が半分ひたるほどの酒をかけ、ふたをして弱火で焦げる寸前まで蒸し煮にすれば、香ばしく蒸し上がることを発見しました。

〔蒸し鶏を使い回す〕

1羽分でも、4～5枚あっても必ず使いきれます。保存は59ページのゆで鶏と同様に。

〔あえ物〕蒸し鶏とごぼうのあえ物

材料と作り方（4人分）

❶蒸し鶏1～1½枚は手で細く裂く。

❷ごぼう1本は皮をこそげ、斜め薄切りにしてからせん切りにし、酢少々を加えた熱湯でさっとゆでる。

❸ピーマン1個も細切りにし、熱湯でさっとゆでる。

❹ボウルにおろしわさび小さじ1、しょうゆ小さじ2、オリーブオイル大さじ1～2を混ぜ、①の蒸し鶏を加えてあえ、②と③の野菜も入れてあえる。

〔揚げ物〕蒸し鶏のから揚げ

材料と作り方（4人分）

❶蒸し鶏は鶏½羽を裂いて、レンジで温めておく。

❷①の蒸し鶏にしょうゆ大さじ3～4、好みでおろしにんにく1片分をすり込んで20分ほどおく。

❸②の肉の汁けをふき取り、小麦粉を薄くまぶし、高温の油できつね色になるまで、カリッと揚げる。

❹食べやすい大きさに切って器に盛り、粉山椒を添える。

★もも肉や胸肉の蒸し鶏でもいいが、丸ごとの蒸し鶏を裂いてから揚げにしたほうが、いろいろな部分が味わえて楽しい。

〔ご飯に〕鶏茶漬け

材料（4人分）

蒸し鶏…1枚　長ねぎ…½本　スープ〔蒸し汁・熱湯…各適量　塩…少々〕　ご飯…茶わん4杯分　おろししょうが・いり白ごま…各適量

❶蒸し鶏は食べやすい大きさに細長く裂く。長ねぎは小口切りにしてふきんで包み、流水の下でもみ洗いする。

❷蒸し汁に熱湯を加え、塩で味を調えてスープにする。

❸ご飯にスープを注いで①としょうが、いりごまをのせる。

★薬味に、わさび＋もみのり、おろししょうが＋こしょうでも。

〔ごまだれで〕酒蒸し鶏の棒棒鶏風

材料（4人分）

鶏もも肉または胸肉…2枚　塩・酒…各適量　ごまだれ〔練り白ごま…大さじ4　豆板醤…小さじ1　しょうゆ…大さじ2　酢…大さじ1　おろしにんにく…1片分〕　香菜…適量

❶鶏肉に塩をすり込み、皮目を下にして厚手の浅鍋に入れ、肉の半分の厚さまで酒を注ぐ。ごまだれを合わせておく。

❷鍋にふたをして弱火にかける。汁けをとばし、皮に薄く焦げ目をつける。鶏肉を裂いて器に盛り、①のごまだれをかけて刻んだ香菜を飾る。

Ｃ　「ゆで牛すね肉」は安さとおいしさが自慢

鶏肉や豚肉同様、牛肉も香味野菜とともに小さな火でコトコトと煮ていくと、おいしいゆで肉とスープがとれます。ふつうの牛肉のかたまりは高価ですが、牛すね肉は安価で煮込み方次第でとても濃いうまみが出ます。

すね肉は牛脚のふくらはぎの部分で、筋が多くてかたいのですが、味は濃厚なので、大鍋で時間をかけてかたまり肉をじっくりほぐすように煮込むと、とてもおいしくなります。また、この牛すね肉をゆでたスープが、コクがあるのにあっさりした上品な味わいで、すみにおけないスープなのです。

ゆでるのに少し時間はかかりますが、そのゆで方は鶏肉や豚肉とほぼ同じです。

深鍋に牛すね肉８００グラム～１キロを２つ切りにして入れ、軽くつぶしたしょうが1片分、長ねぎのぶつ切り（またはセロリ）１本分を加え、かぶるくらいの水を加えて火にかけます。煮立つ直前にごく弱めの中火に直し、あくをとりながら2時間ほどふたをせずにゆでます。途中、水が蒸発するので、肉がかぶるくらいの水を足しながらゆでること。ゆで上がった肉はゆで汁の中でそのままさまし、photo p.38 一度さらしふきんで漉してスープごと冷蔵します。

ゆで時間がかかるのが難点ですが、圧力鍋があれば20分ほどで簡単にできます（次ページ参照）。

ゆでた肉はスープも利用して根菜と煮込んでスープ煮にしたり、ゆで鶏同様、エスニック風のめん料理にもぴったり。肉だけを野菜と合わせて牛すね肉のサラダにしたり、スープだけで汁物を作ることも可能。また、「牛肉のしょうゆ煮」（１２７ページ）にすれば、10日前後は使い回せます。

ゆで牛すね肉　photo p.38

材料と作り方（作りやすい分量）

❶牛すね肉800g〜1kgは、2〜3つに切り分ける。しょうが1片は軽くたたきつぶし、長ねぎ（またはセロリ）1本はぶつ切りにする。

❷圧力鍋に①の材料とかぶるくらいの水を入れて煮立て、あくを除く。煮立ったらふたをして16分弱火で煮て、そのまま冷ます（時間はメーカーによるので説明書参照）。

★深鍋や圧力鍋でゆでた牛すね肉は、まずはそのまま薄切りにし、山椒塩で食べると美味。

〔ゆで牛すね肉を使い回す〕

ゆで牛すね肉は深鍋でゆでても、圧力鍋で作ってもOKですが、保存する時は汁に塩を加えてください。

（煮込みに）ゆで牛すね肉とれんこんのスープ煮　photo p.39

材料（4人分）

ゆで牛すね肉…400g　れんこん…1節　にんじん…小1本　牛すね肉のスープ…5カップ　塩…小さじ1強　酒…大さじ1　柚子こしょう…適量　酢…少々

❶牛すね肉は大きめに切り分ける。れんこんは皮をむいて厚めの半月切りにし、酢水につけてあくを除く。にんじんは皮をむいて、厚めの輪切りにする。

❷鍋に牛すね肉のスープとれんこん、にんじんを入れて30分ほど煮る。①の肉も加え、あくを除いて塩と酒で調味する。器に盛り、柚子こしょうを添える。

★れんこんやにんじんのほか、里いも、大根などでもOK。

（サラダに）ゆで牛すね肉のサラダ

材料（4人分）

ゆで牛すね肉…200g　セロリ…1本　赤玉ねぎ…½個　A〔オリーブオイル…大さじ2　酢…大さじ1　おろしにんにく…½片分　塩・こしょう…各少々〕

❶ゆで牛すね肉は手で細くほぐす。セロリと赤玉ねぎは薄切りにし、塩少々（分量外）でもみ、水洗いして絞る。

❷ボウルにAの材料を合わせ、①を加えてあえる。

★多めに作り、冷蔵庫中にこのままマリネしておけば常備菜に。

★にんにくが苦手な人は、代わりに粒マスタードを。

（汁物に）生野菜入り牛すね肉のスープ

材料と作り方（4人分）

❶パプリカ（赤）1個は細切りにし、レタス4〜5枚は手でちぎる。香菜適量はざく切りにする。

❷①の生野菜をスープカップに彩りよく盛り、塩、こしょうで味つけした牛すね肉のスープ適量を熱して注ぐ。

D 「ゆで野菜」はまとめて作っておく

常備とまではいきませんが、そうしておくと「ああ、よかった！」と重宝することがあります。じゃがいも、かぼちゃ、にんじんなど、よく使うわりに火が通るまでに時間のかかる野菜。これらは前もって、まとめてゆでておきましょう。多めにゆでて残った分は冷蔵保存しておくと、助けられることが多いもの。ものによっては冷凍保存も可能です。

ゆでじゃがいもやかぼちゃ——ご飯がわりにもなる

まず、じゃがいもの例でお話ししてみましょう。じゃがいもを３個ゆでるのも６個ゆでるのも、手間は大して違いませんから、ゆでるときにはなるべく多めにゆでてしまいます。じゃがいもは皮つきのまま、丸ごとゆでます。

鍋に丸ごとのじゃがいもとかぶる程度の水を入れて火にかけます。煮立つ前にふつふついうくらいまで火を弱め、竹串が通る程度までコトコトとゆでていくのが、おいしく仕上げるコツ（蒸し器で蒸すのも美味。私はいつも蒸します）。途中、強く煮立てると皮がやぶけて水っぽくなったりとけ出たりしますので注意。

こうしておいしくゆでておけば、忙しいときでも好みの厚さに切って焼きポテトにしたり、グラタンの具にしたり、ベーコンや玉ねぎと炒めてジャーマンポテトにするのもあっという間。また、皮をむいてつぶし、コロッケやココット焼きにする場合も、調理の一段階が省けて気軽にとりかかれます。

かぼちゃも食べやすく切り、かためにゆでるか蒸すかしておくと、バターやオリーブオイルで焼いたり、サラダにしたり、グリルしたり、すぐに一品できます。また、しょうゆと砂糖で甘辛く煮る場合も即火が通りますし、フードプロセッサーにかけてポタージュにするときもひと手間省けます。

「ああ、よかった！」と大助かりしたのは、ご飯がちょっと足りないとき。ゆでじゃがいも（あるいはゆでかぼちゃ）があったおかげで、お腹の虫もすっかりおさまりました。かつて旅したポルトガルのいわし料理の専門店でのこと。いわしの塩焼きを頼むと、必ずじゃがいもが添えられていたのですが、塩のきいた熱々のいわしをくずし、じゃがいもといっしょに食べると、本当においしいのです。

にんじん——半ゆでにして冷凍する

使用頻度の高いにんじんも水からゆでてストックしておくと便利です。ふつうは食べやすく切ってゆでますが、私はにんじんの味を存分に味わいたいので、比較的大きくゴロゴロと切ってゆでます。このとき、ちょうどよいかたさになるまではゆでません。途中までゆでて竹串を刺し、串が刺さるか刺さらないかの半ゆで状態で湯から上げるのです。

これをバラバラに広げて凍らせ、凍ったらフリージングパックで保存します。こうすれば、お弁当などに少量使いたいときもすぐに使いたい分だけ取り出せます。

半ゆでのにんじんはマリネにするのがいち押し。レモンとメープルシロップ、しょうゆとごま、ドレッシングなどでマリネしてみてください。にんじんがこんなにおいしかったのかと驚きます。

私はおいしいにんじんを選んでオーブンで丸焼きにし、大切りにして塩、こしょうをふり、オリーブオイルをたっぷりかける、といったシンプルなお料理が大好きです。わが家でお馴じみのこの料理も、最初から丸焼きにすると時間がかかってしまいますが、半ゆでにしてから焼くと時間の節約になります。焼きにんじんをマリネしても美味。

　また、にんじんを半ゆでにしておけば、ほかの野菜といっしょにゆでるときも時間差がなくなって、同時にゆで上げることができて具合がいいのです。

魚をゆでてメインの一皿に

　少々話は飛んで、ゆで魚のお話になってしまいますが、身の厚い生鮭や生だらなどを、香味野菜とともに湯に入れて4〜5分静かにゆでておくという方法もあります。

　香味野菜は魚の臭みを取り、よい香りをつけるためのものですから、セロリの葉やにんじん、玉ねぎの切れ端、パセリの茎などでかまいません。

　ゆでた魚は熱いうちに骨や皮を取り除き、軽く塩、こしょうをしておきます。これに温野菜や生野菜を合わせて、アイオリソース（31ページ）やにんにくマヨネーズを添えれば完成。好みでおろしにんにくを加えたフレンチドレッシングであえていただいてもおいしいもの。メイン料理になります。

一度にたくさん作りすぎないこと

「ゆでておく」というこの項では、ゆで肉に始まり、ゆで野菜、ゆで魚とお話ししてきましたが、あれもこれもやりたいと冷蔵室や冷凍室をいっぱいにしてしまうと、使いこなせずかえって大変に……。

　そこで、冷蔵庫の中をきちんと整理して、どこになにがあるかを分かるようにしておくことが大事です。そのためには、あまり張り切って一度にたくさん作りすぎないことも大切。

　豚肉や牛肉なら1キロ以内、鶏肉なら1羽分まで、魚なら家族の2回分くらい（3人家族なら6切れ）が適当だと思います。使い回しも家族が飽きてしまっては意味がないので、いつも新鮮なメニューとして出せるように心がけたいものです。

〔ゆで野菜を使い回す〕

ここでは冷蔵したゆでじゃがいもの例を紹介。最後の料理は、ゆで魚とゆでじゃがいもの両方を使ったケースです。

〔焼き物に〕 ゆでじゃがいものチーズ焼き

材料と作り方（4人分）

❶ゆでじゃがいも3～4個は皮をむいて1.5cm厚さに切る。

❷フライパンにバター大さじ2を溶かし、①の両面を焼き、にんにくと塩と粗びき黒こしょう各少々をふる。最後にパルミジャーノ（粉チーズ）大さじ5をふって仕上げる。

★バターと香草（ローズマリーなど）で焼くだけでもおいしい。

★春先に出回る新じゃがをゆで、半分にして使うのもおすすめ。

〔サラダに〕 香草マヨネーズのポテトサラダ

材料（4人分）

ゆでじゃがいも…3個　香草マヨネーズソース〔マヨネーズ…⅓カップ　ディル・パセリ・バジルなどを刻んだもの…計大さじ1½　おろしにんにく…½片分〕

❶ゆでておいたじゃがいもは電子レンジか熱湯で軽く温め、皮をむいて食べやすい大きさに切る。

❷ボウルにソースの材料を合わせ、香草マヨネーズを作る。

❸②のボウルに①を入れてあえる。

★塩もみ野菜を加え、おなじみのポテトサラダにしても。

〔揚げ物に〕 明太ポテトコロッケ

材料（4人分）

ゆでじゃがいも…大4個　辛子明太子…1½腹　小麦粉・溶き卵・パン粉…各適量　揚げ油…適量　レモン（くし形切り）…½個分

❶ゆでじゃがいもは電子レンジか熱湯で温め、熱いうちに皮をむく。辛子明太子は皮を除いてほぐしておく。

❷じゃがいもをフォークでつぶしながら明太子と混ぜ、小さく丸める。小麦粉、卵、パン粉の順に衣をつけ、170度の揚げ油できつね色に揚げ、レモンを絞って食べる。

★じゃがいもに明太子の塩けと辛みがきき、味つけなしでOK。

〔ゆで魚＋ゆでじゃがいもで〕 鮭のサラダ

材料（4人分）

ゆで生鮭…4切れ　ゆでじゃがいも…2個　玉ねぎ…½個　サラダ菜…1株　グリーンオリーブ…8個　ケイパー…大さじ1　アイオリソース…31ページ下段参照　塩・こしょう…各少々　好みの香草…適量

❶ゆで鮭とゆでじゃがいもは一度温め、皮を除いて食べやすく切り、塩、こしょうを軽くふる。

❷玉ねぎは薄切りにして水にさらし、サラダ菜はばらす。

❸器にすべての材料を盛り、アイオリソースを添える。

揚げておく——コクのある味わいを生み出す

A 「揚げじゃこ」で野菜や海草をおいしく

ちりめんじゃこやしらす干しは、わが家の買いおきには欠かせません。カルシウムが豊富な上、野菜や海草、ご飯との相性も抜群ですが、長くおくと味が落ちます。とくにしらす干しは早目に使いきって。ちりめんじゃこは乾燥にばらつきがありますから、夏場は注意が必要です。

そこで、大量にいただいたときなどには、じゃこの酢漬けや揚げじゃこにしてストックしておきます。そのカリッとした歯触りと香ばしさ。ただのサラダや野菜料理が、とてもコクのある味わいになるのでおすすめです。しらす干しでも同様です。

じゃこの酢漬け——手軽にできて長くもつ

しらす干しやじゃこの酢漬けは、この項の「揚げておく」というテーマとは異なりますが、揚げじゃこ同様、じゃこの保存法としておすすめなので、ちょっと説明しておきましょう。

作り方は、保存容器にじゃこを入れ、酢をひたひたに注ぐだけ。これでじゃこが傷むことなく、いつでもおいしくいただけます。酢につけたその日から使え、冷蔵庫で2か月ほどもつので重宝します。

酢はツンと鼻をつくような酸味の強いものは避け、まろやかな味わいのものを選ぶのがコツ。うちでは京都の「千鳥酢（村山造酢）」のマイルドな味わいを長年愛用しています。

じゃこの酢漬けは、塩もみにしたきゅうりに砂糖少々を加えたものとあえてきゅうりのじゃこあえにしたり、ほかにも小松菜やセロリなど、好みの塩もみ野菜とあえると、ヘルシーな一品になります。また、そこに大根おろしを加えて、塩もみ野菜のじゃこおろしあえにしてもよりさっぱりした味わい。

ご飯にじゃこの酢漬けと甘酢しょうがのせん切りを加えると、まるであっさりしたすし飯のような味わいに。ここに青じそのせん切りや白ごまを加えれば、ご飯にわざわざすし酢を加えなくてもすし飯風に仕上がるので、わが家の裏技としてよく活用しています。

もっと簡単なご飯物なら、ご飯の上に焼きのりをちぎって散らし、じゃこの酢漬けをたっぷりのせていただくもの。ほんのりとした酸味にのりの香りが加わり、食欲のないときやお酒のあとの一膳にぴったりです。

揚げじゃこ——揚げ油は必ず上質なものを選んで

揚げじゃこにする油は、酢漬けにする酢と同様、吟味して選んでください。揚げ油が悪いと、良質のじゃこを使っても台なしになってしまうほど味に差が出ます。油の種類はオリーブオイル、ごま油、サラダ油などお好みのもので。

では、その揚げ方。揚げ鍋で油を１８０度前後の高温に熱し、じゃこを一度に入れ、きつね色に色づいてカリッとなるまで揚げます。次に、揚げ網にのせて油をきり、熱いうちに塩少々をふっておきます。冷めたら保存容器に入れ、常温でストック。

揚げじゃこは生野菜や海草によく合いますが、なかでもおすすめは、蒸しなすににんにくをきかせたたれとともにたっぷりかける一品。コクと栄養がプラスされた夏のごちそうにもなります。

Ｂ「揚げナッツ」はご飯やサラダに合う

揚げナッツというと、「ビールのつまみに合いそうですね」とみなさん異口同音におっしゃいます。その通り。おつまみとしても絶品ですが、意外に知られていないのは、ご飯やサラダのトッピングとして使うこと。

揚げるのに適したナッツはカシューナッツやピーナッツ。どちらも生のものを使いましょう。揚げ方のポイントは、揚げ油が常温のうちにナッツを入れて火にかけること。油の量はひたひた程度でＯＫです。全体を混ぜながら中までカリッとするように、じっくりと揚げ、きつね色になったら揚げ網にのせて油をきります。熱いうちに塩、一味唐辛子（またはカイエンヌペッパー）、ガーリックパウダーをふればでき上がり。揚げじゃこ同様、さめてから保存容器に入れ、常温でストックします。photo p.40

かつてベトナムが好きでよく出かけた時期がありましたが、この国の活気溢れる市場で生ピーナッツを買ったものです。家に帰るとさっそく揚げては、たっぷりの香草と合わせて、エスニック風ナッツご飯を堪能したことが思い出されます。

ナッツを揚げるとき、そのあと続けてじゃこも揚げてしまうと無駄がありません。ナッツは常温の油に入れてゆっくり揚げ始めますが、揚げじゃこは高温の油に入れて揚げるのがポイントだからです。続けて両方を作っておけば、２つを混ぜてじゃこナッツにし、ビールのつまみにしたり、じゃこナッツ入り玄米ご飯にすると、噛めば噛むほどより味わいの深まるコンビとなります。

〔揚げじゃこ・揚げナッツを使い回す〕

サラダは、揚げナッツで紹介していますが、揚げじゃこでも美味。

〔あえ物に〕わかめの揚げじゃこあえ

材料（2人分）

わかめ（塩蔵）…50g　揚げじゃこ…適量　たれ〔にんにくとねぎのみじん切り…各適量　酢・しょうゆ・ごま油…各小さじ1　豆板醤またはかんずり…少々〕

❶わかめは水洗いして、熱湯をかけ、水にとって刻む。

❷①のわかめを器に盛り、揚げじゃこをかける。

❸たれの材料を混ぜ合わせ、②にかけてあえる。

〔蒸し物に〕蒸しなすの揚げじゃこソース

材料（4人分）

なす…4個　揚げじゃこソース〔揚げじゃこ…½カップ　ねぎ・しょうが・にんにくの各みじん切り…適量　酢・しょうゆ…各大さじ2　ごま油…大さじ1〕

❶なすはヘタを除いて、縦6つ割りにする。焼きみょうばん小さじ½（分量外）を加えた塩水（水2カップ＋塩大さじ2・分量外）につけ、あく抜きをする。

❷①を蒸気の上がった蒸し器で10分蒸し、ソースをかける。

〔ご飯物に〕エスニック風ナッツご飯

材料（2人分）

ご飯…280g　揚げピーナッツまたはカシューナッツ…50g　ココナッツ（細切り）…50g　桜えび…15g　塩…少々　揚げ油…適量　香草（香菜、青じそ、バジル、クレソン、貝割れ菜、あさつきからお好みで）…適量

❶ココナッツや桜えびは180度程度の高温の揚げ油でカリッと揚げ、塩けをつける。

❷温かいご飯に①とナッツ類をのせ、好みの香草もたっぷり添え、全体を混ぜながら食べる。

★桜えびの代わりに、揚げじゃこを用いてもよい。

〔サラダに〕レタスと揚げナッツのサラダ

photo p.40

材料と作り方（4人分）

❶レタス1個ははがして適当な大きさにちぎり、冷水につけてパリッとさせる。揚げナッツ⅔カップは粗く刻む。桜えび少量は軽く炒る。

❷ボウルに①のレタスを入れ、オリーブオイル、ワインビネガー、塩、粗びきこしょう各適量を加えてよく混ぜる。

❸②のボウルに①のナッツと桜えびを手でくずし入れ、ボウルを両手で持って全体をよく振り混ぜて器に盛る。

C　「揚げ肉だんご」はあとが楽になる作りおき

ひき肉はまとめ買いすると割安ですし、それでひき肉種のハンバーグや肉だんごをなん回分か作っておくとあとの食事作りがとても楽になります。娘たちが小さい頃はよくまとめ作りしたレシピです。

　肉だんごは生ですと傷みやすいので、ゆでるか揚げるかして、加熱してから保存します。ただ、ゆでるとスープにうまみが出てしまいがちなので、私はどちらかというと揚げてから冷凍します。

　作りおきする場合はパン粉または片栗粉などのつなぎは少なめにし、ひき肉を多めにするほうがおいしく仕上がります。ひき肉はよく混ぜると粘りが出ますから、つなぎは少なくてよいのです。こうして揚げて保存しても、あとで甘辛く煮たり、トマトソースで煮込んだり、スープに落とし入れたりして調理するので、おいしさは損なわれません。ただし、ひき肉自体はあまり脂身の多いものを使うと、揚げているうちに脂が溶けてだんごがしぼんでしまうので要注意。やわらかさやうまみを出すために多少の脂分は必要ですが、ひき肉はなるべく脂身の少ないところを選びます。

　いざ「揚げ肉だんごを作る」となると、これはひと手間で気軽に作れるというものではないので、ちょっと気合いを入れてかからなければなりません。そこでひとたび作るとなると、キロ単位のひき肉を揚げてしまうことにしています。量は多くても手間は同じですから……。

　冷凍ものの肉だんごでも、仕事で来られた方々に、おみやげとしてお渡しすると意外に喜ばれるのです。家に帰りつく頃にはほどよく解凍されていて、「すぐ夕食に利用できてとても助かりました」

とうれしそうに言われると、つい私も顔がほころんでしまいます。

基本の揚げ肉だんご――同じ方向に混ぜるのがコツ

先にパン粉や片栗粉などのつなぎは少なめにと書きましたが、パン粉ならひき肉１キロに対してひとつかみ程度、片栗粉なら大さじ５くらいです。肉だんごを洋風に仕上げたければ、具に玉ねぎ、にんにく、パン粉、オリーブオイルを使いますが、中華風や和風に仕上げたければ、長ねぎ、しょうが、片栗粉、ごま油を使います。そのあたりは、それほど厳密に考えなくても臨機応変に。

ひき肉は適度な脂肪があり、加熱しても口当たりがやわらかな豚ひき肉を使います。卵はふつう、ひき肉３００〜５００グラムに対して１個という割合が多いのですが、私はひき肉５００グラムに対して２個、１キロで４個と多めに使います。

卵はコクを出すほかにも、肉とのすべりをよくして全体を混ぜやすくするとか、混ぜるたびにひき肉種に空気を入れ込み、フワッとやわらかく仕上げるなどの効果があります。

さて、すべての材料をボウルに入れて手でよく混ぜていくわけですが、このとき同じ方向にぐるぐるとかき混ぜるのがポイント。最初と最後では肉の手触りが驚くほど違ってきます。最初はゆるくて大丈夫かしらと思うほどですが、だんだん粘りが出てくるので、糸を引くくらいになるまでよく混ぜます。ここまで練ると、プチッとした歯ごたえ、フワッとしてジューシーな口当たりに仕上がりますが、大量のひき肉を練るのはちょっと大変かもしれませんね。そんなときは、３００〜５００グラムずつに分けて練ると、もっと楽にできるでしょう。

ひき肉種ができたら片手でひき肉をつかみ、指の間からギュッと押し出し、スプーンなどで丸く摘みとって中温よりやや低め（１６０度）の揚げ油に入れます。photo p.89次第に油温を上げ、最後に強火（１８０度）にしてカリッと揚げます。ぬるめの油に５００グラム程度のひき肉種を一度に入れるのがコツ。１キロの種で35～40個の肉だんごができます。

冷めたら金属製のバットなどに並べて冷凍庫で凍らせ、凍ったらフリージングパックに移して冷凍します。これがあれば、揚げ物、煮物、シチュー、スープ、パスタの具などに、大活躍してくれます。

変化球の揚げ肉だんご――よりヘルシーにおいしく

わが家の肉だんごはもともと卵が多めですが、ときにもっとたっぷり卵を入れた肉だんごも作ります。豚ひき肉５００グラムに対し、卵4個ぐらいを入れます。最初はかなりゆるいのですが、同じ方向によく混ぜていくうちに粘りが出て、指の間から絞るのが楽なかたさに。これを揚げると肉のしっかりした口当たりではなく、フワフワに。この揚げ肉だんごも冷凍ＯＫ。卵でなく、すりおろした山芋を入れてもフワフワに仕上がります。

また、ひき肉の半分近くを豆腐にして作ることもあります。このとき、厚揚げの中身を使うと水切りする必要がありません。豆腐を使うときは、木綿豆腐に重しをしてしっかり水気をきります。

厚揚げの周囲の、薄茶色の皮の部分は包丁で除きます。そしてその中身をひき肉に混ぜるのですが、水きりする必要がなくとても簡単。残った皮の部分は細く切ってみそ汁に入れ、ムダなく使います。豆腐入り肉だんごも軽い口当たりでおいしいもの。わが家では娘たちがかたまり肉よりひき肉好きでしたから、豆腐入り肉だんごもとても好評でした。

揚げ肉だんご　photo p.89

材料（作りやすい分量）
豚ひき肉…1kg　A〔長ねぎ…2本　しょうが…2片　卵…4～5個　塩…大さじ1　こしょう…少々　片栗粉…大さじ5　酒・ごま油…各大さじ3〕　揚げ油…適量

❶ねぎとしょうがはみじん切りにし、ボウルにひき肉とAの材料を入れ、同じ方向に粘りが出るまでよく混ぜる。
❷揚げ油を中温よりやや低め（160度）に熱し、①のひき肉種を片手にとってギュッと丸く押し出し、スプーンですくって次々に油の中に入れてゆく。
❸入れ終ったら少し火を強め、触らずにしばらく待ったあと、ときどき大きくかき混ぜながら、カリッときつね色になるまで揚げる。
❹色よく揚がったら引き上げてよく油をきる。
★揚げたては辛子じょうゆなどをつけていただくと美味。
★玉ねぎ、ピーマンなどと甘酢あんでからめても。

〔揚げ肉だんごを使い回す〕
ここでは長ねぎ、片栗粉を使用の肉だんごを基本にしていますが、玉ねぎ、パン粉に変えて作ってもOKです。

（煮込みに）肉だんごのトマト煮

材料（4人分）
揚げ肉だんご…500g　玉ねぎ…1個　にんにく…1片　トマトの水煮缶（400g）…1缶　スープ…⅔カップ　オリーブオイル…大さじ3　塩・こしょう…各適量　ローリエ…2枚　イタリアンパセリのざく切り…あれば適宜

❶玉ねぎは薄切り、にんにくはみじん切りにする。
❷鍋にオリーブオイルを熱して①を炒め、香りが出たら肉だんごとトマトの水煮（缶汁も）、ローリエ、スープを入れ煮る。
❸20分ほど煮て、塩、こしょうで調味し、パセリをふる。

（汁物に）肉だんごと里いものクリームシチュー

材料（4人分）
揚げ肉だんご…400g　里いも…8個　玉ねぎのみじん切り…½個分　バター…大さじ3　スープ…4カップ　ローリエ…1～2枚　生クリーム…½カップ　コーンスターチ…大さじ2½　塩・こしょう…各適量

❶里いもは皮をむいてふきんでぬめりを除き、2つに切る。
❷深鍋にバターを溶かして玉ねぎ、里いもの順にざっと炒め、スープ、ローリエ、凍ったままの肉だんごを加えて煮る。煮立ったらあくを除き、弱めの中火で約20分煮る。
❸生クリームを加え、塩、こしょうで味を調える。コーンスターチを倍量の水で溶いて加え、とろみをつける。

第2章

なん通りにも使える「おかずの素」作り

ご飯は自分で作りたい――そうは思っていても、どうしても食事の支度の時間が充分にとれない日や、疲れてなにもしたくない日があるものです。

そんなとき、すべて一から作ろうとするのは大変なこと。でも大丈夫。仕上げるだけになっている「おかずの素」が強い味方になってくれます。どんなに忙しくても、休日のひとときや、「今日はやる気満々！」という日はあるでしょう。そうしたタイミングを見計らって、この章で紹介するような「おかずの素」を作っておきましょう。

ひたすら炒めるとか、ゆでて調味料をからめておくとか、作業はいたって簡単なものばかり。その上、あれもこれも作る必要はありません。1種類でもいいので、「作るときはたっぷり作る」――これを鉄則にして。

これらおかずの素が1種類でも冷蔵庫にあれば、いろいろな料理に応用できますし、味つけも簡単になります。毎日、「どんな料理に生かそうかしら？」と考えると、イマジネーションが広がっていく楽しさもあります。

料理作りをあまりがんばりすぎずに、でもほんの少しばかり計画的にするために、この章でご紹介する「おかずの素」に少し助けを頼んではいかがでしょう。

ひき肉炒め ―― その利用範囲は絶大

ひき肉炒めを作っておくと、本当に幅広くいろいろなお料理に応用できるので、忙しい人にはうってつけ。肉は豚ひき肉か合いびき肉を使います。

鶏ひき肉はパサつくので、どうしても使いたい場合は、鶏もも肉のひき肉を。

パチパチ音がするまで炒め、味つけは最小限に

ひき肉炒めのコツは、よくよく炒めること。フライパンを熱して油をなじませ、ていねいに炒めていくと水分が出てきますが、その水分がとぶとひき肉がとび跳ねてパチパチという音が聞こえてきます。この頃には肉は自分の脂で炒まってきて、ほんのりきつね色に。ここまで炒めてから初めて味つけをします。こんがり色づくまで炒めるのがおいしさのコツです。

このひき肉炒めはあくまでも「料理の素」と考えて、味つけは最小限に。しょうがやにんにくも入れません。ごくシンプルに塩＋こしょう味か、しょうゆ＋こしょう味をつけておきます。しっかり炒めたひき肉にしょうゆがしみ込み、芳しくなります。

photo p.90

とにかく、この段階では味つけを最小限にして冷蔵か冷凍するほうが、あとでいろいろな料理やドレッシングなどに広く使い回せます。

冷凍はもちろん、ひき肉炒めを冷蔵した場合も、肉の脂分が白くかたまることがあるので、そのときはフライパンか電子レンジで温め直して使います。

A 「ご飯物」や「めん・汁物」をおいしく

ひき肉炒めというのは、いわゆる肉そぼろですから、卵そぼろ（いり卵）などといっしょにそのままご飯にのせて、二色そぼろご飯やお弁当にします。この場合は少し甘辛めの味にするとおいしいので、塩、こしょう味で作った場合は、しょうゆやみりん少々を加えて炒り直します。

私のいち押しは、次に紹介するちょっと塩けのある青菜とひき肉炒めを混ぜた混ぜご飯やチャーハンです。また、パスタや中華そばに入れても美味。

混ぜご飯やチャーハンに――塩けのある青菜と混ぜて

塩もみ野菜の項で、お話しした小松菜の塩もみ（18ページ）。これとひき肉炒めの両方が作りおきしてあるときは、両方をいっしょにしてご飯に混ぜ、ひき肉と青菜の混ぜご飯にします。小松菜の塩もみだけの混ぜご飯もさっぱりしておいしいのですが、そこにひき肉炒めをプラスすると、さらにコクとうまみが加わった混ぜご飯としてパワーアップするのです。

小松菜の塩もみの代わりに高菜漬けや野沢菜漬けでもよく合います。とにかく、ひき肉入りのご飯には、ちょっぴり塩けの利いたシャキッとした青菜がぴったりです。また、ごま油でにんにくを炒め、しょうゆとこしょうで味つけしたチャーハンに、同様の青菜とひき肉炒めを入れてもおいしいものです。

めん類や汁物に――パラリと加えてコクを出す

私は残った大根やにんじん、れんこんの皮などをすべて細切りにして干し野菜を作ります。この干し野菜を炒め煮にしてきんぴらを作るのですが、このときにひき肉炒めを加えると、こくのあるしっかりしたおかずが一品できます。

また、塩漬け豚やゆで鶏のゆで汁があるときには卵めんやえびめんなどの細い中華乾めんを使い、中華風ねぎそばをよく作ります（30ページ）。これにも、仕上げにひき肉炒めをのせるとよいのです。これをめん料理にせず、熱した肉のゆで汁にひき肉炒めとたっぷりのねぎを入れて、塩、黒こしょうで味つけすれば、おいしいスープにもなります。

同様に、野菜たっぷりのみそ汁にひき肉炒めを入れてひと煮立ちさせると、あっという間に豚汁のようなコクのある汁物になります。

反対にひき肉炒めから簡単にスープベースを作ることもできます。保存して凍ったままのひき肉を鍋に入れて火にかけ、鍋が熱くなってきたらしょうゆを注いで、ちょっと焦がす程度に加熱します。焦げたしょうゆのいい香りがプーンとしてきたら、湯（または水）を注ぎ、ひと煮立ちさせます。ここへねぎを加えたり、卵を溶き入れたりはお好みで。

B　「卵料理」にもひき肉炒めは大活躍

わが家で卵料理にひき肉炒めが活躍するレシピといえば、卵焼き、炒り卵、オムレツ、茶碗蒸しなど、きりがありません。手近な材料で、メインにも副菜にもなり、重宝この上ない作りおきです。

卵焼き、炒り卵に――青菜とのコンビで

卵焼きや和風の炒り卵、洋風のスクランブルエッグを作るときに、卵液にひき肉炒めを加えると、卵液だけで作るよりボリュームとコクが格段にアップします。これだけでももちろんOKですが、ここへ青菜の塩もみも加えると、彩りもよくなると同時に栄養的にもより優れたものになります。

オムレツに――小か大かチョイスして楽しむ

玉ねぎを小さな角切りにして炒め、塩、こしょうした卵液にひき肉炒めとともに加え、フライパンに流し込みます。まわりが少し固まり始めたら、一度全体を混ぜてちょっと火を通し、菜箸かへらで6〜8等分します。これを1つずつ裏返し、少し焼けば、ベトナム風の小さくて平べったいオムレツが誕生します。小さいので裏返すのも楽。

逆に、中華鍋でドーンと作るジャンボサイズのオムレツも懐しい洋食屋さん風で捨てがたいもの。まず、粗みじん切りにした玉ねぎをフライパンで炒め、そこにひき肉炒めを加えて、塩、こしょうで調味します。卵5〜6個を溶きほぐして塩、こしょうで調味し、油をひいた中華鍋に流し入れます。菜箸などでかき混ぜながら円形に広げ、卵が半熟状態のうちに先の具をのせてオムレツ状に包みます。

4人分くらいの材料を使ってまとめて作るので、大皿に盛るとごちそうに見える上、1人分ずつ作るより手間もかかりません。このオムレツには必ずキャベツのせん切りをたっぷり添え、ウスターソースをかけていただくのがわが家流。

茶碗蒸しに——卵液に入れても、上からかけても

茶碗蒸しを作るとき、ひき肉炒めをきのこや三つ葉などといっしょに卵液の中に入れて蒸すと、肉のうまみが出て、おいしく仕上がります。

また、具を入れず卵とだしだけを蒸し、ひき肉炒めで作ったとろみあんをかけて仕上げるあんかけ茶碗蒸しもおすすめです。具をあれこれそろえなくてもでき、流れるような線を描いてかけたとろみあんの上に、香菜などをふわりとのせると素敵です。

C　ひき肉炒めをさらにいろいろ使い回す

身近にある野菜とひき肉炒めを合わせれば、簡単におかずができるのが魅力。ひき肉炒めに調味料を加えると、いろいろな野菜に合うひき肉ドレッシングができ上がります。こちらもとても便利です。

あえ物やサラダに——味つけ次第でどちらにも

身近にある野菜を塩もみしたり、ゆで野菜にしてひき肉炒めとあえるだけ。あとは味つけ次第。大根おろしやおろししょうが、ポン酢などで味つけすれば和風のあえ物に、オリーブオイルやビネガーをかければ各種サラダへと変身します。

炒め物や煮物に——かたければ炒め物から即煮物に

なす、キャベツ、かぼちゃ、れんこん、にんじん、ごぼう、里いもなど、どれもひき肉炒めとの相性は抜群。いっしょに炒めて、野菜に軽く火が通ったら水を入れて煮ます。ひき肉からいいうまみが出るので、だしは不要。味が薄ければしょうゆを少し加えます。ひき肉と里いもを煮た仕上げに、ごまをたっぷり入れてあえてもおいしいものです。

ひき肉ドレッシングに——肉を温めてから調理

ひき肉炒めが保存してあれば、それをベースにドレッシングを作るのも、各種サラダに使えて重宝します。軽く加熱し、ひき肉が熱くなったところにオイルとしょうゆと酢をジューとしみ込ませる、ここがポイントです。冷たい肉というのは、脂が固まっている状態。このかたまりほどまずいものはないのに、熱くすると驚くほどのおいしさに。熱くしてから調味する——このひと手間が大切です。

ひき肉炒めは冷や奴にのせたり、春巻きの具にもできます。とくに肉とねぎを具にし、細く巻いた春巻きはカリカリに揚がって、酒肴にもってこい。

最近は、ひき肉炒めをスパイシーに仕上げるのも好き。粉末のコリアンダー、クミン、シナモン、カレー粉など好みのスパイスを加えたり、花椒粉や豆板醤を加えたり、と工夫は無限大です。

《揚げ肉だんご》

揚げ肉だんごの辛子じょうゆ添え　レシピ p.81

この肉だんごのひき肉種は、
ふつうより卵が多いので、最初はゆるい感じ。
よく混ぜているうちに粘りが出てくるので、
握った手の間からギュッと搾り出し、
スプーンなどで丸く摘みとる。p.79 〜 80 参照

やや低めの160度くらいの揚げ油に
摘みとったひき肉種を一度に入れるのがコツ。
最後は180度程度に火を強め、
カリッときつね色になるまで揚げる。
途中でときどき大きく混ぜながら揚げる。
p.80 参照

《ひき肉炒め》ひき肉炒めと香菜のあえそば　レシピ p.97

ひき肉は水けがとぶまでよく炒め、
塩、こしょうで軽く下味をつける。
さましてから保存容器に入れ、
冷蔵庫へ。冷凍保存も可能。
p.84 参照

《ひき肉炒め》細切り野菜のひき肉ドレッシング　レシピ p.99

《焼き鮭》
《焼きたらこ》

焼き鮭、焼きたらこをはじめ、
塩もみ野菜や揚げナッツなど
好みの作りおき料理で
豊かな朝食が。p.105 参照

《焼きたらこ》じゃがいものたらこソースあえ　レシピ p.108

ゆでじゃがいもはフォークなどで
つぶすと、味がからみやすくなる。
熱いうちに塩、こしょう、
ワインビネガーをふって下味をつけ
一気にたらこソースとあえる。

《ひじきのシンプル煮》
ひじき入りご飯のおにぎり

p.110 参照

ひじきのシンプル煮は、
バットなどに広げてさまし、
ステンレスのふたがあれば、
そのままふたをして冷蔵。

p.109 参照

《ひじきのシンプル煮》ひじき入り卵焼き　レシピ p.111

ひき肉炒め

材料と作り方（作りやすい分量）

❶フライパンを熱してオリーブオイル（ごま油かサラダ油でも）大さじ3をなじませ、ひき肉300gを入れる。

❷ときどきへらなどで押しつけながらよく炒め、余分な水分がとんで、パチパチと音がするまでよく炒める。

❸軽く塩、こしょうなどをし、バットか皿に移す。さめてから保存容器に入れて、冷蔵庫で保存する。冷凍もOK。

〈ひき肉炒めを使い回す〉

ひき肉炒めの利用方法は限りないほど。でも、作りすぎは禁物。適量を作って5日くらいで使いきりましょう。

（ご飯物に）ひき肉炒めと高菜の混ぜご飯

材料（4人分）

ひき肉炒め…150g　高菜漬け…80g　しょうがのみじん切り…1片分　ご飯…米2カップを炊いたもの

❶高菜漬けは細かく刻み、しっかり水けを絞る。ひき肉炒めは温めておく。

❷ボウルに温かいご飯を入れ、①としょうがを加え混ぜる。

★高菜漬けの代わりに、野沢菜漬けや小松菜の塩もみでもOK。好みで、すりごまなどを加えてもおいしい。

（めんに）ひき肉炒めと香菜のあえそば

photo p.90

材料（2人分）

ひき肉炒め…80g　香菜…適量　中華乾めん（えびめん）…2玉　花椒《ホワジャオ》・酢・唐辛子粉…各少々　塩・こしょう…各適量

❶香菜は細かく刻んで温めたひき肉炒めに加え、花椒をふって混ぜておく。

❷中華乾めんはゆでて水けをきり、酢、塩、こしょうで味を調える。

❸器に②のめんを盛って①の具をかけ、唐辛子粉と酢をふってあえながら食べる。

★香菜は葉を使ったあとに残った茎だけを刻んで用いても。

（卵料理に）ベトナム風ひき肉入りオムレツ

材料（4人分）

ひき肉炒め…150g　卵…6個　玉ねぎ…1個　塩（しょうゆでも）・こしょう…各少々　ごま油…適量　香菜…あれば適量

❶玉ねぎは1cm角に切り、透き通るまでよく炒めて、ひき肉炒め、溶き卵と合わせ、塩、こしょうで調味する。

❷フライパンに油を熱し、①の卵液を流し入れてまわりが固まってきたら、一度全体を混ぜる。半熟のうちに木べらなどで8等分し、それぞれ裏返して焼く。

（卵料理に）ジャンボオムレツ

材料（4人分）

卵…5〜6個　塩・こしょう…各少々　ひき肉炒め…200g　玉ねぎの粗みじん切り…½個分　しょうゆ・酒…各大さじ1　サラダ油・バター…各大さじ1

❶鍋に油少々（分量外）を熱して玉ねぎを透き通るまで炒め、ひき肉炒めも加えて炒め、しょうゆと酒で調味する。

❷卵を溶きほぐして塩、こしょうを加え混ぜる。

❸中華鍋に油とバターを入れて熱し、②の卵液を流し入れ、箸でかき混ぜる。半熟状になったら①の具を入れて包む。

（卵料理に）茶碗蒸しのひき肉あんかけ

材料（4人分）

卵液｛卵…3個　だし汁…2¾カップ　塩…小さじ⅔　酒…小さじ2｝　ひき肉炒め…100g　ごま油…小さじ2強　だし汁…½カップ　片栗粉…小さじ1½

❶ボウルに卵を溶き、だし汁、塩、酒を加えてよく混ぜる。

❷大きめの鉢にごま油少々をぬり、①の卵液を漉しながら入れ、蒸気の上がった蒸し器で20〜30分、弱火で蒸す。

❸フライパンにごま油を熱してひき肉を温め、だし汁を加える。ひと煮立ちしたら、倍量の水で溶いた片栗粉を入れてとろみがついたら、②の鉢蒸しの上にかける。

（あえ物に）じゃがいものひき肉ソース

材料と作り方（2人分）

❶ひき肉炒め大さじ5〜6は、温めてほぐしておく。

❷じゃがいも4個は皮ごと蒸すか、たっぷりの水を入れ弱火で静かにゆでる。竹串がスッと通れば火を止める。

❸じゃがいもの熱いうちに皮をむき、フォークなどでざくざく4つくらいに割る。

❹器に熱いじゃがいもを盛り、①のひき肉炒めとバター適量をのせ、スプーンなどでつぶしながら食べる。

（揚げ物に）スティック春巻き

材料（4人分）

ひき肉炒め…100g　長ねぎ…½本　春巻きの皮…5枚　揚げ油…適量　塩・粉山椒…適宜

❶ねぎは5㎝長さの細切りにし、春巻きの皮は半分に切る。

❷春巻きの皮にひき肉炒めとねぎを等分にのせ、スティック状に細く巻いて、巻き終わりを水で留める。

❸揚げ油を高め（180〜190度）に熱し、②を入れてきつね色にカリッと揚げ、器に盛って塩と粉山椒をふる。

★揚げ油はオリーブオイル、ごま油、サラダ油などを好みで。

（炒め物に）なすのひき肉カレー炒め

材料（4人分）
なす…4個　揚げ油、オリーブオイル…各適量　ひき肉炒め…100g　にんにく、しょうがのみじん切り…各1片分　赤唐辛子の小口切り…1〜2本分　カレー粉…大さじ1½　しょうゆ…少々　コーンスターチ…適量

❶なすはヘタを除いてひと口大の乱切りにし、170度の揚げ油で素揚げにして中まで火を通す。
❷フライパンにオリーブオイルを熱してにんにく、しょうが、赤唐辛子を弱火で炒め、香りが出てきたらひき肉炒めを加え、中火で炒め合わせる。カレー粉としょうゆを入れて混ぜ、水大さじ2（分量外）を加えてしっとりさせる。
❸②のひき肉に①のなすを加えてからめ、倍量の水で溶いたコーンスターチを少しずつ様子を見ながら入れ、ひき肉がなすにからむように仕上げる。

★なすを揚げるときは、中華鍋の底に揚げ油を注ぎ、1個分ずつ揚げると少ない油で揚げることができる。
★イタリアでは、なす料理によくミントの葉が添えられる。ここでも最後に香りのよいミントを散らしても。

ひき肉ドレッシング

材料（作りやすい分量）
ひき肉炒め…400g　オリーブオイル（ごま油でも）…大さじ1　しょうゆ…½カップ強　酢…½〜¾カップ　こしょう…適量　おろしにんにく…2片分

❶フライパンにオリーブオイルを熱し、ひき肉炒めを入れて温まるまで炒める。
❷火を止めて肉が熱いうちに、しょうゆ、酢、こしょうの順によく混ぜ、おろしにんにくも加え混ぜる。
❸さめたら保存容器に入れ、冷蔵庫でストックする。

（サラダに）細切り野菜のひき肉ドレッシング

photo p.91

材料（4人分）
キャベツ…3〜4枚　にんじん…½本　赤玉ねぎ…½個　ひき肉ドレッシング…½〜1カップ

❶キャベツは3〜5㎜幅の細切り、にんじんはせん切り、赤玉ねぎは薄切りにし、冷水に放してパリッとさせる。以上の水けを切って混ぜ、器にこんもりと盛る。
❷ひき肉ドレッシングを添え、適宜混ぜながらいただく。

ツナペースト——パスタ、ご飯とも相性がいい

家族が多かった頃は、たびたびツナペーストをたくさん作りました。これはもうみんな大好き。ツナ缶を思いきり使い、3日分くらいは作りおきしたつもりでも、あっという間に売り切れてしまうのです。おいしいし、パンばかりかパスタやご飯などの主食にも、おつまみやおかずとしてもとても合うからです。ふつうは冷蔵庫で3～4日はもつのに……。

ツナ缶の選び方と油の抜き方が大切

ツナ缶は身の大きさに応じてタイプが分かれています。かたまりがチャンク、ひと口大がソリッド、小さくほぐしたものがフレークとよばれています。油の少ないソリッドタイプかチャンクタイプを使ってください。フレークタイプは油が多いので、量的にもおいしさの点からもおすすめできません。

また、おいしいツナペーストを作るための秘訣は、缶の油を充分に抜くことです。缶ぶたを少し開け、逆さまにしてしばらくおき、油をきっちり抜いてから使います。

玉ねぎの辛み抜き——冷水の中で強くもみ出す

新玉ねぎならそれほどでもありませんが、ふつうの黄玉ねぎは、とても辛みが強いときがあります。ツナには玉ねぎが合い、入れるとがぜんおいしくなりますが、辛みが強いと食がすすみません。

そこで黄玉ねぎの場合は、しっかりと辛み抜きをしてから使います。まず、みじん切りにした玉ねぎをさらしのふきんに包み、流水の下のボウルの中で

よくもみ洗いをします。もみながらギュッとふきんを通してぬめりを出し、最後にふきんごとよく絞れば完了。これでツナに混ぜてもおいしい「さらし玉ねぎ」のでき上がりです。これを、ソリッドかチャンクタイプのツナと混ぜ合わせ、マヨネーズ、塩、こしょうで調味しますが、このときできればマヨネーズは、作りたての自家製のものを使いましょう。

A 「パン」「パスタ」「ご飯」などの主食に

パン食に——王道はやっぱりサンドイッチ

　手間をおしまないで作ったおいしいツナペーストをもっともスタンダードに生かすなら、まずパンに。中でも身近にある野菜の塩もみを混ぜたツナペーストのサンドイッチは、わが家の定番です。フランスパンや食パンに、塩もみ野菜とツナペーストをのせて作るオープンサンドもよく作りました。

　忙しいときなら、食パンにバターをぬり、ツナペーストだけをたっぷりのせてオーブントースターで焼いたツナトーストもおすすめです。

パスタやご飯に——主食とおかずを兼ねて

　ショートパスタをゆで、塩もみ野菜を混ぜたツナペーストであえれば、手軽にパスタサラダができておかず代わりにもなるでしょう。

　ツナペーストと相性がよいのは、パンやパスタばかりとは限りません。意外にご飯にも合うのです。忙しい朝のお弁当のおにぎりの具として、作りおきのツナペーストはとても重宝します。また、軽く塩むすびをにぎってその上にツナペーストをのせ、大きめののりで包んで食べる朝ごはん。これに温かいみそ汁とかほうじ茶を添え、家族してみんな大喜びで食べたものです。

B　しゃれたおつまみやおかずに

ツナペーストは主食類に利用するだけでなく、そのままディップ代わりに使うと、生野菜がたくさんいただけます。きゅうり、セロリ、にんじん、大根はもとより、レタス、キャベツ、白菜の内葉なども冷水につけ、パリッとさせて使えます。縦に細めに切り、ペーストを添えるとしゃれたおつまみに。

玄米ご飯とツナペーストをレタスでくるんだものもヘルシーな軽食になります。

また、ゆでたじゃがいも、トマトなどを輪切りにしてツナペーストをのせ、ベジタブルカナッペにすれば華やかなパーティーにも合うおつまみに。軽くしょうゆをかければ、おかずにもなります。

ツナペースト

材料（作りやすい分量）

ツナ缶…大4缶　玉ねぎ…2個　マヨネーズ…½カップ

塩・黒こしょう…各適量

❶玉ねぎはみじん切りにし、さらしのふきんに包んで水でもみ洗いし、辛みをもみ出してから、水けを絞る。

❷油をきったツナをボウルに入れ、フォークで粗くほぐす。

❸②のボウルに①の玉ねぎ、マヨネーズを加えてよく混ぜ、塩とこしょうで味を調える。

自家製マヨネーズの作り方

材料と作り方（作りやすい分量）

❶卵黄1個分、白ワインビネガー大さじ1、塩小さじ⅔、こしょう適量をミキサーに入れ撹拌する。

❷オリーブオイルおよびサラダ油各¼カップを少しずつたらしながら、ミキサーが回らなくなるまで撹拌する。

★あるいは、筒形のびん（ジャムの空きびんなど）にすべての材料を入れ、ハンドミキサー（バーミックスなど）の先端を入れて、とろりとするまで撹拌する。

〔ツナペーストを使い回す〕

サンドイッチの具としてはもちろん、おつまみやおかずとして幅広く使えます。

（パン食に）ツナペーストのサンドイッチ

材料（2人分）

サンドイッチ用食パン…4枚　バター…適量　ツナペースト…1/2〜1カップ　きゅうり…1本　セロリ…1/2本　塩…少々　レタス…適量

❶食パンは2枚1組にし、内側にバターをぬる。

❷レタスは冷水につけ、パリッとさせる。

❸きゅうりは小口切り、セロリは筋を除いて薄切りにし、それぞれ塩でもんでしばらくおく。水けが出たらよく絞り、ツナペーストに混ぜる。

❹①の食パンの内側に③のペーストをぬり、②のレタスを食べやすく切ってはさむ。少しおき、具を落ちつかせる。

❺パンの耳を切り落として食べやすい大きさに切り分けて、器に盛る。

（パスタで）パスタサラダ

材料（4人分）

ショートパスタ…150g　ツナペースト…2/3カップ　きゅうり…2本　玉ねぎ（または赤玉ねぎ）…1/2個　塩…適量

❶シェル形、ペンネなど好みのショートパスタは塩を加えた湯でゆで、ざるにあげて水けをきる。

❷きゅうりは小口切りにし、玉ねぎは縦に薄切りにする。それぞれ塩少々で塩もみし、水けが出たらよく絞る。

❸ボウルに①と②を入れ、ツナペーストを加えてあえる。味をみて、塩けが足りなければ塩を補う。

（おつまみやおかずに）ベジタブルカナッペ

材料と作り方（4人分）

❶じゃがいも3個は皮ごとよく洗い、串がすっと刺さるまで蒸す。またはかぶる程度の水を入れて火にかけ、弱火でやわらかくなるまでゆでる。

❷ゆでたじゃがいもの皮をむき、1〜2㎝厚さの輪切りにする。トマト2個も同程度の厚さの輪切りにする。

❸じゃがいもとトマトの上にツナペースト適量をのせる。

★ご飯のおかずにするなら、上からしょうゆをかけて。

焼き鮭・焼きたらこ——ひき肉炒めの魚版

時折ストックしているのが焼き鮭と焼きたらこ。両方を合わせて使ってもよく、それぞれ別々に生かしてもいいのです。

時間がないときの朝ご飯やお弁当作りにはもちろん、友人が訪れたときの手軽な昼ご飯、忙しいときのおもてなしの夕飯まで、本当にいろいろな場面でのお助け役になってくれました。おいしさと同時に、そのほんのりとしたピンク色の色合いもひと役買って、食卓に彩りを添えてくれます。

作り方はいたって簡単。鮭もたらこも素焼きにして、それぞれフードプロセッサー（ミキサーやミルサーでも）にかけるだけ。そぼろ状になったら、保存容器に入れて冷蔵庫にストックします。

要はひき肉炒めの魚版と思えば、分かりやすいでしょうか。焼き鮭も焼きたらこも、ご飯の伴ばかりか卵料理にもよく合い、パスタやソース（あえ衣）、ディップなどにしても楽しめます。

おいしさの秘訣は素材選びにつきる

シンプルな料理こそ、おいしく作るためには安心かつ良質の素材を選ぶことに尽きます。天然の塩鮭や、甘塩の良質なたらこを求めます。

好みによりますが、私は塩鮭に関しては最近多い甘塩のものより、塩がふいているような塩辛い鮭が好みです。それほどたくさん食べるものではないので、塩が利いた鮭のほうがよく締まった味で、お茶漬けやおにぎりの具、パスタなどにからめた場合も、お料理全体の味が締まって感じられます。

A　どんな「主食」にもよく合う

ご飯の友に——鮭もたらこもふりかけ風に

わが家では昔からいつも「朝食セット」といったふうなものが、冷蔵庫に常備してあります。とは言ってもそんな大したものや難しいものではなく、小松菜の塩もみ（18ページ）、おかかのふりかけ（183ページ）、ごま、そして焼き鮭、焼きたらこなど……。photo p.92これがプラスチック容器に入っているとちょっともの悲しい感じもしますが、シンプルなガラスの空きびんに入れておくと、すぐに中身が分かりますし、不思議といやじゃないのです。これらをまとめてトレーにのせ、ご飯といっしょに「はいっ！」とテーブルに出すだけですが、密かに朝ご飯が待ち遠しかったりして……。なにしろ、好きなものを好きな量かけて食べられる幸せ。これに漬物とみそ汁があれば、充分すぎるほどの朝食になります。少し小ぶりのストンとしたガラスびんをそろえるのがポイント。すぐに食べきれる量がいいので、大きすぎるびんは向きません。

焼き鮭を丼物やすし飯の具に

焼き鮭があれば忙しい日の昼食や夕食の手間が省けます。丼にご飯を盛り、中央にしょうゆ漬けか塩漬けのいくらを、まわりにぐるりと焼き鮭をのせます。お好みで青じそ、もみのり、ごまなどを飾って。これで簡単豪華な海鮮風丼ができ上がり。

また、焼き鮭はすし飯やチャーハンにも合います。春のすしなら、すし飯に焼き鮭やいり卵、いりごまなどを混ぜ、上に木の芽か三つ葉を飾りましょう。夏のすしなら、すし飯に焼き鮭やきゅうりの塩もみを混ぜ、青じそのせん切りをたっぷり飾るなど、季節感を盛り込みます。これならちらしずし作りも苦にならず、たとえ急に友人の訪問を受けてもあわてることはありません。実はスタッフ用のご飯の定番のひとつでもあるのです。

丼物やすし飯、チャーハンなどに使う焼き鮭は粗くほぐしてもいいので（甘塩の場合はとくに）、フードプロセッサーやミルサーがない場合は、手でほぐしたり、すり鉢でフレーク状にしてもOK。

パスタやパンに――鮭とたらこ両方でも別々でも

ストックしてある焼き鮭や焼きたらこをたっぷりのにんにくや唐辛子といっしょにオリーブオイルで炒め、ゆでたスパゲッティにからめるだけでとても香ばしい絶品のパスタになります。最後に生バジルかイタリアンパセリのみじん切りをふれば、ピンク色のパスタにグリーン色が映え、それはきれいです。

焼き鮭や焼きたらこはパスタばかりか、パンにも合います。マヨネーズであえて、バターをぬったパンにのせたり、サンドイッチの具にして楽しんで。

B 「卵料理」に生かせば味つけも楽に

焼き鮭も焼きたらこも、卵と合います。そこで卵焼きやいり卵を作るとき、卵液に焼きたらこと酒少々を入れてみると、適度な塩けがきいてあとの調味料はいっさい不要。

卵4個に対し、酒は小さじ2程度。これでたらこのくさみが消え、うまみが増します。できればここに三つ葉のざく切りも入れたい。香りよし、彩りよしのおいしい卵料理が生まれます。

C 「たらこソース」は私のいち押し

「たらこソース」は、わが家のとっておきの秘蔵っ子ソース。焼いた魚や帆立、えびなどやゆでた野菜にかけると、極上の味わいにしてくれます。

甘塩たらこで作るソースをもう一品。抜群においしく、日もちしますので（たらこがオイルや酢などの調味料でカバーされるので）、ご紹介しましょう。

にんにくの香りやうまみが充分に溶け出したオイルを、たらこにたっぷり吸わせて作ります。ここに私は赤唐辛子やケイパー（あれば）も加えるのが好き。火を止めてレモン汁または酢を加えれば完了。最後に酸味を加えなければ、パスタソースとしても使えます。カリッと焼いた鮭やゆでたじゃがいもなどに抜群に合いますが、ゆでた豆とあえてもおいしく、考えるほど使い道が広がるソース。生クリームやサワークリームを加えても抜群の相性です。

焼きたらことサワークリームを混ぜてディップにしても、生野菜がたっぷりとれます。

焼き鮭・焼きたらこ

材料と作り方

❶焼き網を熱し、塩鮭、甘塩たらこを焼く。オーブンやオーブントースターで焼いてもよい。

❷鮭は皮や骨を除いて粗くほぐす。たらこは薄皮を除く。

❸それぞれフードプロセッサーやバーミックスにかけるか、すり鉢でフレーク状（そぼろ状）にし、保存容器に入れて冷蔵庫でストックする。

★鮭もたらこも急ぐときはレンジ加熱すれば早くできるが、材料の重量によって加熱時間が変わるので注意。塩鮭なら皮を下にしてキッチンペーパーではさみ、目安として、2切れで約3分〜3分30秒（500W）レンジ加熱する。

〔焼き鮭・焼きたらこを使い回す〕

どの料理もどちらの作りおきを使っても作れますが、より私が好きなほうを使ってご紹介しましょう。

（ご飯物に）鮭ときゅうりのちらしずし

材料（4人分）

米…2合（360ml）　水…360ml　すし酢〔酢…大さじ4　砂糖…大さじ1⅓　塩…小さじ½〕　鮭フレーク…2切れ分　きゅうり…1本　塩…少々　青じそ…10〜15枚　いり白ごま…適量

焼き鮭・焼きたらこ

❶米は炊く30分前に洗ってざるにあげ、水を加えて炊く。
❷きゅうりは小口切りにし、塩もみして水けが出たら両手でギュッと絞る。青じそはせん切りにして水にさらし、水けを絞ってキッチンペーパーで包んでおく。
❸熱いご飯にすし酢を混ぜ、ふきんをかけて人肌にさます。鮭フレークときゅうり、しその半量、ごまを散らして切るように混ぜる。器に盛り、残りのしそを飾る。

（卵料理に）たらこ入り卵焼き

材料（作りやすい分量）
卵…4個　たらこそぼろ…小1腹分　酒…小さじ2
三つ葉…適量　サラダ油…少々

❶ボウルに卵を溶きほぐし、たらこそぼろ、酒、三つ葉のざく切りを入れて混ぜる。
❷卵焼き器にサラダ油を薄くしき、中火にかけて熱し、①の卵液を3回に分けて流し入れ、順次巻き込んで焼く。

（パスタに）鮭とたらこのパスタ

材料（4人分）
焼き鮭・焼きたらこのそぼろ…各1/2カップ　にんにくのみじん切り…2片分　赤唐辛子のみじん切り…2本分　ケイパー（あれば）・オリーブオイル…各適量
スパゲッティーニ…320g　塩・こしょう…各適量

❶細めのスパゲッティを、塩を加えた湯でゆではじめる。
❷フライパンにオリーブオイル、にんにくを入れて弱火で炒め、次に焼き鮭・焼きたらこのそぼろと赤唐辛子、ケイパーを加えてよく炒める。
❸ゆであがった①を加えて手早くあえ、塩、こしょうで調味する。
★イタリアンパセリのみじん切りをたっぷりあしらってどうぞ。

たらこソース photo p.93

材料（4人分）
甘塩たらこ…1腹　オリーブオイル…大さじ2　にんにくのみじん切り…2片分　ケイパー…小さじ2　赤唐辛子のみじん切り…1片分　レモン汁…大さじ2〜3

❶フライパンにオリーブオイルとにんにくを入れて弱火にかけ、香りが立ったら薄皮を除いた甘塩たらこを入れて炒める。
❷パラパラになってパチパチいってきたらケイパーと赤唐辛子を加え、火を止めてレモン汁を混ぜる。
★じゃがいもなどゆでた野菜とあえる場合は、熱いうちに塩、こしょう、ワインビネガーをふって下味をつけておく。

ひじきのシンプル煮——お腹を掃除してくれる健康食品

ひじきやわかめなどの海草は食物繊維を多く含むせいでしょうか。いただいたあとは体がすっきりし、体調が整います。栄養も文句なく満点。

ひじきはおいしくて、昔から大好き。より気軽に使えるように、シンプルに酒、みりん、しょうゆで汁気がなくなるまで煮ておきます。その結果、なんにでも手軽に混ぜ、いつも私の身近にある食品になりました。

ひじきの選び方と戻し方のコツ

ある程度の太さのあるしっかりした長ひじき（乾燥品）を選びます。

乾燥ひじきは水を含むと思った以上に膨張します。大きめのボウルにたっぷりの水をはり、ひじきの砂やごみを洗い流し、ざるに取ります。これをかぶるほどの水に15～25分つけて戻し、つまんでみてすぐにちぎれれば、食べやすい長さに切ります。

味つけのコツ——長くもつように多少濃い味に

いろいろな料理に展開できるようになにも入れずに、ひじきだけをシンプルに炒め煮にします。

酒、みりん、しょうゆで甘辛く煮つけますが、やや濃いめに味をつけておくと、日もちがします。こうしておくと、あとで野菜などの具を足して調理するとき、自然にちょうどよい味になります。わが家では酒を多めにみりんは少なめにします。

煮えたらすぐにバットなどに広げて、さましてから冷蔵すれば、約1週間は使い回しがききます。

photo p.94

A ヘルシーな朝食や昼食に

忙しい朝なら、ほかほかの湯気の立つご飯にひじきのシンプル煮を混ぜるだけ。さらに、納豆やちりめんじゃこ、とろろ昆布をのせて、忙しい日の昼食を切り抜けることもあります。ご飯が玄米ご飯ならいうことなし。こういう食事をしているとおいしいものは体にいいと実感します。

このひじきのシンプル煮に、ゆでたにんじん、いんげん、あぶった油揚げ、いりごまを混ぜたのがわが家風のひじきの五目あえ。味、色、栄養ともに満点のおかずの代表です。

また、彩りのよいゆで野菜にひじきのシンプル煮といりごまを混ぜただけのあえ物なども、とてもヘルシー。ひじき入りご飯を俵形ににぎり、のりで巻いて器に盛れば、充分来客用にもなりますphoto p.94。

B 「卵焼き」から「サラダ」までとにかく簡単

卵を割りほぐし、野菜とひじきのシンプル煮を加えてフライパンに流し込み、ただ焼くだけのひじき入りの卵焼きphoto p.95。これなら、卵の調味も、巻き込みも不要で簡単。オムレツ形に整えても楽しいですよ。

ひじきのサラダ作りもボウルに好みの野菜とひじきのシンプル煮を入れ、ひじきと相性のいいレモン汁とオリーブオイルを注ぐだけ。

家庭をもって初めて基本のひじきの炒め煮を作ったとき、どこか母の味と違うのです。すぐに電話で聞いてみると「もう少し煮て、汁けをとばしなさい！」とひと言。なんだ、そうなのかと思いましたが、これは絶対に忘れられない経験でした。

ひじきのシンプル煮

材料（作りやすい分量）

乾燥ひじき…60g　ごま油…大さじ2　酒・みりん…各大さじ2　しょうゆ…大さじ4〜5

❶ひじきは戻し方を参照して（109ページ）戻しておく。

❷フライパンを熱してごま油を入れ、ひじきを炒める。

❸酒とみりんを加え、アルコール分をとばしたらしょうゆを加え中火で手早く汁けがなくなるまで炒め煮にする。さめてから、保存容器に入れ、冷蔵庫にストックする。

〔ひじきのシンプル煮を使い回す〕

（あえ物に）ひじきの五目あえ

材料（4人分）

ひじきのシンプル煮…乾燥ひじき40gを煮たもの　さやいんげん…40g　にんじん…½本　油揚げ…1枚　いり白ごま…大さじ5　塩…適量

❶ひじき煮はレンジ加熱かフライパンで軽く温める。

❷さやいんげんは塩を加えた熱湯で色よくゆで、食べやすく切る。にんじんは細切りにしてかためにゆで、油揚げはさっとあぶってせん切りにする。

❸①のひじきに②を加え、いりごまを混ぜる。

（卵料理に）ひじき入り卵焼き　photo p.95

材料（2人分）

卵…3個　ひじきのシンプル煮…½カップ　絹さや…4〜5本　塩…少々　サラダ油…適量

❶絹さやは筋を除いて細切りにする。

❷卵を溶きほぐし、①とひじきのシンプル煮を加え、味をみて足りなければ塩を加える。

❸フライパンにサラダ油を熱し、②の卵液を流し込む。菜箸で混ぜ、半熟のうちに向こう側に寄せる。柄の中央をたたきながら卵を回転させ、オムレツ形に整える。

（サラダに）ひじき入り野菜サラダ

材料（4人分）

ひじきのシンプル煮…乾燥ひじき40gを煮たもの　玉ねぎ…1個　セロリ…1本　きゅうり…2本　オリーブオイル…大さじ4　レモン汁…大さじ1½　塩・粒黒こしょう…各適量

❶玉ねぎは縦に薄切り、セロリは筋を除いて短冊切りにし、それぞれ冷水につけて水けをきる。きゅうりは5〜6㎝長さに切り、縦に6〜8つ割りにする。

❷ひじきのシンプル煮と①の野菜をボウルに入れ、オリーブオイルを混ぜ、塩、こしょう、レモン汁をふり混ぜる。

ひじきのシンプル煮

きくらげあえ

――中華風料理をグレードアップ

乾物は少し使った残りを袋に入れたままにしておくと、たいていは使われず無駄になることが多いです。充分に使いきるには、1袋単位で戻しておくことをおすすめします。きくらげも全部を水で戻してから湯通しし、細切りにしてごま油、しょうゆ、こしょうなどをまぶしておくと、とても重宝します。

このままでも立派な酒肴になりますが、作る人の工夫次第でいろいろに使い回せます。

A 「中華そば」がぐっとおいしく

わが家では中華めんの卵めんやえびめんが好きでよく汁そばや焼きそば（炒めそば）に登場します。このきくらげあえとねぎだけの汁そばもなかなかおいしいものです。

炒めた中華めんに約同量の炒めた野菜をあえていただく、私流焼きそばにもきくらげあえは大活躍。

B 豆腐や野菜の「あえ物」のベースに

しっかりした味のきくらげあえ。淡白な味わいの豆腐とか、いろいろな野菜のあえ物のベースとして使ってみてください。その香り、食感、黒い色合いのおかげか、料理全体に存在感が出て、パワーのあるお料理に見えるから不思議。

きくらげあえ

材料（作りやすい分量）

きくらげ（乾燥品）…50g　ごま油…大さじ2　しょうゆ…大さじ2〜3　こしょう…少々

❶きくらげ（裏面が灰白色の裏白きくらげなど）はかぶるくらいのたっぷりの水につけてもどす。

❷熱湯にさっと通し、冷水にとり、かたい石づきを除く。

❸細切りにしてボウルに入れ、ごま油を加えてあえる。

❹しょうゆとこしょうも加えてあえ、保存容器に入れて冷蔵庫で保存する。

【きくらげあえを使い回す】

（めん料理に）野菜たっぷりの焼きそば

材料（2人分）

中華乾めん（えびめんまたは卵めん）…2玉　塩・こしょう・ごま油…各適量　きくらげあえ…½カップ　野菜（キャベツ・レタス・ピーマン・玉ねぎなど2〜3種）…適量（ゆでためんとほぼ同量）　豆板醤…適量

❶中華めんは熱湯でゆで、塩、こしょう、ごま油をふる。

❷野菜はそれぞれ細切りにする。フライパンにごま油を熱して野菜を炒め、きくらげあえも加えて軽く炒める。

❸①を加えてあえ、器に盛って豆板醤を好みの量のせる。

★ふつうの中華蒸しめんをごま油で炒めて使ってもよい。

（サラダに）豆腐のサラダ

材料（4人分）

絹ごし豆腐…1丁　きくらげあえ…½カップ　豆板醤…少々　おろしにんにく…1片分　きゅうり…1本　長ねぎ…½本

❶きくらげあえに豆板醤とおろしにんにくを混ぜる。

❷豆腐は軽く水けをきり、ひと口大に切る。きゅうりは皮をむいて5〜6㎜厚さの輪切り、ねぎは細切りにする。

❸②の豆腐に①をたっぷりのせる。

（あえ物に）きくらげの中華あえ

材料（4人分）

きくらげあえ…⅔カップ　長ねぎ…1本　しょうがのせん切り…1片分　赤唐辛子の小口切り…1本分　ごま油・しょうゆ・酢…各少々　いり白ごま…適量

❶ねぎは5〜6㎝長さのせん切りにする。

❷ボウルに①のねぎ、きくらげあえ、しょうが、赤唐辛子を入れ、ごま油、しょうゆ、酢で味を調え、仕上げにいり白ごまをふる。

第3章

おいしさが増す作りおき「煮込み料理」

忙しい人は休日に休めるかというと、そうとばかりは言えません。むしろ家の中には「やること」がたまっているもの。休日にゆっくり休める人はもちろん、あれこれやることがある人にとっても、煮込み料理は作りおきをしておきたい人の強い味方です。

煮込み料理というのは、材料を下ごしらえして火にかけたら、あとはコトコトと鍋まかせにできる比較的空き時間のある料理、つまり時間がかかっても手間はそれほどかからない簡単料理——そうだとすると、やることの多い休日でも気軽にとりかかれると思います。

その上、煮込むことで素材本来の味が引き出されてとても奥深い味に仕上がりますし、ボリュームのあるしっかりしたおかずになるので、副菜も簡単なものですみます。

時間をかけて煮込むなら、人数分より少し多めの量を煮込んでおきましょう。長く煮込んだ料理は日もちがするので、翌日にはひと手間加え、別の料理に作りかえるのも楽しみのうちです。

また、煮物は冷めるときに味がしみ込むので、翌日煮返したほうがかえっておいしかったりもします。おでんのように最初は手間がかかりますが、一度煮ておけば、また具を足しつつ煮込んでいける煮物もあります。

いろいろ野菜のオイル蒸し煮

——野菜の水分とオイルだけで煮る

　イタリアで暮らすようになって、それまで以上にオリーブオイルに親しむ機会が増えました。

　ヨーロッパの中でもとくにイタリアを中心とする地中海沿岸地方では、オリーブオイルはまるで日本のしょうゆのように身近なものです。それは単なるオイルとしての役割だけではなく、バターの代わり、だしの代わり、塩の代わりとして使われ、万能の調味料のように使われています。

　日本では野菜の煮物には、水かだし汁に調味料を加えて煮込むのがふつうですが、このオイル蒸し煮は、水を1滴も加えず、野菜とオリーブオイルと少々の塩だけで煮込みます。すると野菜が自分のもつ水分でやわらかくなるので、野菜そのものの濃い味わいが出て、それがオリーブオイルのうまみと相まってとてもおいしく仕上がります。オリーブオイル自体がだしや調味料の役割を果してくれるので、味つけは塩、こしょうを少し補うだけ。とても簡単です。にんにくや唐辛子を入れてもよいです。

　野菜は1〜2種でもおいしくできますが、数種類の野菜を合わせ、「いろいろ野菜のオイル蒸し煮」にすると、より複雑な味わいが楽しめます。

A　夏野菜のオイル蒸し煮

　オイル蒸し煮に使う野菜は、臨機応変に手もとにある野菜を自在に組み合わせればOKです。冷蔵庫に少しずつ残った野菜の一掃にもひと役買ってくれる、うれしい料理なのです。

野菜から出る水分だけで煮ていく調理法なので、水分をたっぷり含む夏野菜はうってつけ。トマト、なす、ピーマン、パプリカ、かぼちゃ、ズッキーニ、セロリ、さやいんげん、オクラ、かぶ、玉ねぎなど、どれを使っても合います。

数種類の野菜を選んで大きめに切り分け、厚手の鍋にポンポン入れ、野菜の間に塩、こしょうをふります。完熟のトマトなどは手でちぎって入れてもOK。全体にオリーブオイルをふりかけたら、あとはふたをして、弱めの火でコトコトと野菜がやわらかくなるまで煮込めばでき上がりです。ときどきちょっとふたを開けて中の様子をのぞき、焦げつきが心配であれば木べらなどで上下を返してあげましょう。

好みで、もっとコクや香りを出したいと思えば、にんにくやハーブなどをいっしょに入れて煮込めばいいのです。

以上がもっとも簡単なオイル蒸し煮の作り方ですが、この料理の仕上がりをどのようにしたいかによって多少のアレンジを加えてみましょう。

にんにくや唐辛子好きの人なら、最初にオリーブオイルを弱火で熱し、たたきつぶしたにんにく、唐辛子を入れて香りが立つまでころがします。このにんにくの香りがよく移ったオイルに各野菜を入れ、軽く炒めてから蒸し煮にすると、香りや辛さが楽しめます。

このオイル蒸し煮をおいしく仕上げるためには、まずなんと言っても良質のオリーブオイルを厳選すること。そこが肝心です。ちょっと贅沢をしても、よい品質のものを使ってください。

夏野菜のオイル蒸し煮の延長線上に、おなじみの

「ラタトゥイユ」や「カポナータ」があります。

　ラタトゥイユは数種類の夏野菜を大きめのひと口大に切り、火の通りにくいものから順にオリーブオイルで炒めます。全部炒め終わったらふたをし、野菜がやわらかくなるまでコトコトと煮込めばでき上がり。にんにくや好みのハーブを加えたり、塩、こしょうで味を調える点は基本のオイル蒸し煮と同じです。

　南仏プロヴァンス地方の代表料理ラタトゥイユに対して、似たようなオイル蒸し煮をイタリアではカポナータといいます。もともとカポナータはシチリアの発祥。この地の特産のナスが主役の料理ですが、ラタトゥイユもカポナータも材料や作り方はほぼ同じ。ただ野菜の切り方が少し違います。

　カポナータの野菜はラタトゥイユより細かい1〜2センチ角のコロコロとした形状。この形状が名前の由来です。

　いずれにしても、オリーブオイルで炒め煮にすると、温かくても冷たくてもおいしくいただける点がいいですね。

オイル蒸し煮は多めに作り、好きなときに

　夏野菜のオイル蒸し煮、ラタトゥイユ、カポナータなどは、どれでもいいのでたくさん煮ておくと、忙しい日にも野菜がとれる救いの神に。野菜不足の解消にひと役買ってくれます。さらにいろいろな場面に使い回しがきいて重宝します。

（1）まず、当日はできたてをそのまま食卓に。野菜だけの料理ですが、オリーブオイルをたっぷり使い、ゆっくりと火を入れて素材のうまみや甘みを存分に引き出し、まろやかでコクのある味に仕上っているので、しっかりしたおかずになります。

（2）冷蔵庫に入れたものを、そのままサラダ代わ

りにいただいてもいいでしょう。

（3）パスタやピッツァのソースとしてはもちろん、カリッと焼いた食パンにのせてもおいしい。

（4）翌日または翌々日に登場させるときには、「またこれ！」とマンネリにならないように、違う使い方を工夫しましょう。

たとえば、スープで溶いて野菜たっぷりの汁物にしたり、カリッと焼いたフランスパンにオリーブオイルをたらし、少し煮詰めたオイル蒸し煮をのせれば、ワイン向きのオードブルになります。

パルミジャーノチーズをたっぷりふって、グラタンの具にしても美味。

B　残り野菜をオイル蒸し煮に

いろいろ野菜のオイル蒸し煮はどんな野菜を組み合わせても自由ですが、自分なりのテーマを設けて、それに挑戦してみる気分で作ってみると、お料理するのが楽しくなってきます。それが思いのほかおいしくできたときのうれしさは、忘れられないものになります。

先日、「冬野菜をどこも捨てずに利用しましょう」というテーマで、大根の皮とか葉っぱ、にんじんの皮、ブロッコリーの茎、キャベツの色の濃い外葉、生しいたけの軸の部分など、少しずつ残ったものを捨てないでとっておきました。残った野菜が「なんでもいいから、あればあるほどいいかな」という気分で……。それらの野菜をせん切りにして、全部をオイル蒸し煮の材料として使ったわけです。

結果的には究極のエコクッキングとなりましたが、これが信じられないほどのおいしさ。でも、よく考えると、これは当然の結果なのです。

本来、野菜や果物のうまみや栄養は、一様に含まれているわけではなく、ふつうは捨ててしまう皮と身の間に多く含まれているそう。また、大根、かぶ、セロリなども、白い根の部分より葉のほうが断然栄養価が高いのです。それになによりおいしいことがうれしい。

　皮や葉を当然のように捨ててしまうなんて、私たちはなんともったいないことをしているのでしょう。たとえ全部を生かさないまでも、ふつうの野菜に捨てる部分を上手に組み込む使い方もあるのでは、と考えました。そして、クレソンや小松菜の茎もなるべく捨てずに使い、緑色の野菜をテーマにして、「グリーン野菜のオイル蒸し煮」photo p.129にすると、おしゃれで香り高い一品になりました。

夏野菜のオイル蒸し煮

材料（4人分）

なす…3個　トマト…2個　パプリカ（赤または黄）…1個　かぼちゃ…¼個　さやいんげん…１５０g

にんにく…2片　ローリエ…2枚　オリーブオイル…⅓〜½カップ　塩・こしょう…各適量

❶なす、トマト、パプリカは4〜6つ割りにし、なすは水に5〜10分ほどつけて水けをきる。かぼちゃは食べやすい大きさのくし形に切り、さやいんげんは筋を除いて長さを半分に切る。

❷にんにくは包丁の腹でつぶすか、大きめにスライスする。

❸厚手の鍋に①の野菜とにんにく、ローリエの各半量を入れて軽く塩、こしょうをし、さらに残りの野菜、にんにく、ローリエも入れて塩、こしょう各少々をふる。

❹全体にオリーブオイルを回しかけ、鍋のふたをして弱めの火で野菜がやわらかくなるまで煮る。途中、上下を混ぜながら煮て、最後に味をみて塩味を調える。

★野菜は季節に応じて応用自在に。切り方は煮えにくいものを少し小さめに切ればＯＫ。蒸し煮の時間は、材料の種類や切り方によって違うが約30分前後。煮えにくいものを食べて確認を。

カポナータ

材料（4人分）

なす…4個　パプリカ（赤または黄）…2個　トマト…2個　玉ねぎ…1個　ズッキーニ…1本　にんにく…1片　タイム…1枝　オリーブオイル…大さじ3
塩・こしょう…各適量

❶野菜はそれぞれ1.5cm角に切り、なすは水に5〜10分つけて水けをきる。にんにくはみじん切りにしておく。

❷厚手の鍋にオリーブオイルと①のにんにくを入れて混ぜ、香りがたったら玉ねぎ、パプリカ、ズッキーニ、なすの順（煮えにくい野菜から順）に中火で炒める。

❸全体に油が回ったら、トマトとタイムを入れて野菜がしんなりするまで炒め、塩、こしょうをふる。

❹鍋のふたをし、焦げつかないように途中で適宜混ぜながら、弱めの火で20分ほど煮る。最後に味をみて塩味を調える。

★野菜はほかに、セロリやにんじんなど臨機応変に。
★なすはあらかじめ揚げておくと、よりコクがでる。

いろいろ野菜のオイル蒸し煮

グリーン野菜のオイル蒸し煮

photo p.129

材料（作りやすい分量）

キャベツ…2〜3枚　ズッキーニ…1〜2本　大根葉の茎…1本分　小松菜の茎…1わ分　クレソンの茎…1わ分　にんにく…2片　タイム…あれば1枝　オリーブオイル…大さじ3　塩・こしょう…各適量

❶キャベツは食べやすい大きさに切り（手でちぎってもよい）、ズッキーニは5〜6cm長さの棒状に切る。にんにくは包丁の腹を当ててつぶし、香りが出やすくする。

❷大根葉の茎は2〜3cm長さに刻み、小松菜の茎とクレソンの茎はそのままか、長ければ2つに切る。

❸鍋にオリーブオイルとつぶしたにんにくを入れてころがしながら温め、香りがたったらズッキーニとキャベツを入れてしんなりするまで炒める。

❹大根葉の茎、小松菜の茎、クレソンの茎、タイムを順に入れて全体に油が回ったら、塩、こしょうをふり、鍋のふたをして5〜6分蒸し煮にする。味をみて野菜のやわらかさと塩味を確認して火を止める。

★キャベツの代わりに白菜の芯や葉も合う。これでなくてはという決まりはないので、残り野菜の一掃料理に最適。

肉とゆで卵のしょうゆ煮 ——牛肉、鶏肉、豚肉でそれぞれに

食の好みは人それぞれで、私はゆで卵そのものは好きではありませんが、牛肉、鶏肉、豚肉などを甘辛いしょうゆ味で煮込むときにいっしょに煮たゆで卵は好き。わが家では肉そのものよりも、むしろ肉のうまみが出た汁に浸り、しょうゆ色に煮えた卵が人気です。

定番の肉のしょうゆ煮といえば、お正月に必ず作る「牛肉のしょうゆ煮」、八角や花椒《ホワジャオ》（中国の山椒）の香りをつけて煮る「鶏肉の香りしょうゆ煮」、ベトナムの庶民の味「豚肉のナンプラー煮込み」などです。これらの肉と、いっしょに煮たゆで卵を半分に切って器に盛ると、その一皿がよりおいしそうで、黄味に煮汁の旨味がからまり食欲が増します。

A　牛肉のしょうゆ煮

これはうちではお正月用に、毎年12月30日か31日に作ります。少し時間はかかりますが、コトコト煮込むだけなので手間なしで失敗もなし。長時間煮込むので、すね肉かシチュー用の肉を大きく切って使います。

お正月に限らず、ボリュームのある肉料理が食べたいというときに作りおきすると、とても重宝すると思います。肉そのものよりも、肉といっしょに煮たほかのものがおいしくて、気がつくとそちらばかり食べていることもありますが……。

牛かたまり肉にたっぷりの長ねぎ、昆布、干しし

いたけなどを加え、しょうゆ味の煮汁でじっくりと煮込み、煮汁に浸けたまま置いておきます。すると煮汁がさめるとき、汁に溶け出た肉のうまみがいっしょに煮た材料にしっかりしみ込んで、とてもおいしくなるのです。しょうゆ味の煮汁にゆで卵も加えて煮込むとこれがまたおいしい。

すぐにやわらかくなる日高昆布はさけ、煮るのに時間のかかる利尻昆布、羅臼昆布を選びます。よいだしを出す肉厚のどんこしいたけを使い、おいしい汁をたっぷり含ませます。長ねぎはとろけるので途中で取り出します。この煮汁でラーメンを作ると、これも美味。

牛肉のしょうゆ煮の活用法——具も汁も大活躍

この料理は具はもちろん、牛肉や昆布、しいたけなどの旨味が溶け出した煮汁がとてもおいしいので、このたれが先になくなってしまうほどです。

（1）まず、煮込んだ具材をそれぞれ食べやすい大きさに切って、煮物としていただきます。このとき、ゆで卵が入っていれば2つ切りにして添えると、大皿が急に華やかに。

（2）煮込んだ具材は、別々に生かせます。

牛肉は薄切りにし、平鉢に少しずつずらして円形に並べます。水にさらしたシャキッとした白髪ねぎを中央にこんもりとのせ、練り辛子を添えて上からたれをかけると、また違う表情の料理になります。白髪ねぎのほか、セロリや大根でも。この料理にはシャキシャキした素材が合うので、氷水につけパリッとさせて、よく水けをきってたっぷり盛りつけるとおいしく目にも美しい。

また、たれの代わりに練り辛子をきかせたごま油と酢を混ぜたドレッシングでも。ピリッとした味わいが食欲を刺激してくれます。

干ししいたけはおいしい煮汁を含んでいますから、これだけでもおかずになります。「このしいたけを煮るのは、すごく大変だったでしょ！」と言われるようなものができます。薄くスライスして昆布もいっしょに盛りつけると、酒の肴やとてもいい前菜になります。

　煮込んだ煮汁（たれ）は、水でちょうどよい濃さにのばして、めん類のスープにするのもおすすめです。私の場合はめんの上に肉はのせずに、しいたけや昆布をのせていただくことが多いので、ともすると元来は牛肉のしょうゆ煮だったということを、忘れてしまうこともあります。白髪ねぎをたっぷりのせ、粗びき黒こしょうを挽いてどうぞ。

（3）しょうゆ煮した牛肉が中途半端に残ったら、肉をほぐしてひき肉炒め（84ページ）のように使うといいです。たとえば、チャーハンや混ぜご飯の具やスープの具に使ったり、ゆでたブロッコリーなどとサラダ仕立てにしてもおいしいものです。粒マスタードをきかせたドレッシングがよく合います。

（4）わが家では煮汁が残ることはまずありませんが、もし汁が残っていたら、大根やこんにゃくを煮ることをおすすめ。ご飯の進むいいおかずになります。

活用法を広げるコツ——食べてから考えて

　作りおき料理というのは、昨日と今日と発展させていけるのが良いところです。牛肉のしょうゆ煮も煮直しながら、今日はサラダにしてみようかな、と思い、生野菜をプラスしたドレッシングがけを思いつきました。

　あれこれ試しているうちに「あっ、これとこれは合う」と新しい組み合わせも浮かんでくるので、食べてみてから考えて。作りおき料理は基本からどう発展させるかが勝負で、そこが楽しいところです。

B　鶏肉の香りしょうゆ煮

ここでご紹介する鶏肉の香りしょうゆ煮は中華風のスパイスをきかせた煮物。

鶏肉を香り高いたれにつけて、ゆで卵と煮るだけ。作り方もシンプルで、時間も牛肉のしょうゆ煮に比べ、短時間でできます。

鶏もも肉を使うと手軽ですが、ゆで鶏の項で紹介したように（58ページ）、鶏丸ごと1羽を求めて使うと、もも肉、胸肉、手羽肉、内臓、ささ身など、いろいろな部分が味わえ、おいしくて経済的です。鍋を並べて半羽を蒸し鶏、残り半羽をしょうゆ煮にと、同時に作るのも忙しい人の作りおきにはよい方法です。

鶏肉の香りしょうゆ煮を作るときの秘訣は、最初にごく少量の砂糖をすり込んでおくこと。すると肉がパサつかずしっとりとやわらかく煮え、ほのかに甘みがきいておいしくなります。これは豚肉のしょうが焼きにも応用できるコツです。

この煮込みは香りが決め手なので、中華料理の代表的な香辛料・花椒と八角はぜひ入れてください。これがないときは仕上げに五香粉《ウーシャンフエン》（花椒など5種類のスパイスを配合した手軽な中華香辛料）か、日本の粉山椒をふっても。この料理は同じ煮方で豚肉を用いてもできます。

味を含んでしょうゆ色になった卵もおいしいので、ちょっと多めに入れてもいいでしょう。

鶏肉の香りしょうゆ煮の活用法――生野菜とともに

まずは、煮込んだ鶏肉と卵を切り分け、そのままいただきましょう。丸ごとの鶏を使った場合には、手で裂くようにして食べやすい大きさに分けます。

もし、鶏肉が残ったら、軽く蒸した春巻きの皮で包んでいただくと、北京ダック風で目先が変わって楽しい。このとき、シャキッとした生野菜もいっしょに包むとよりおいしいです。photo p.131

汁が残ったら、中華そばのつけ汁やかけ汁にしたり、炒め物の味つけ用に生かしたり、最後まで余すところなく使いきりましょう。

C　豚肉のナンプラー煮込み

この料理はベトナムの家庭では、いつも大鍋に作ってあるお惣菜です。現地では大鍋といっても、まるで洗面器のような形のもので、そこに材料を無造作に入れて煮ていくだけ。

肉でも魚でもいいのですが、大きく切り分けたメインの素材に、たたきつぶしたにんにくかしょうがを放り込みます。調味料はナンプラー（魚醤）、しょうゆ、かくし味に砂糖を入れ、材料がかぶるくらいの水を入れて火にかけます。あくが出たら除き、煮汁が少し減ってきたらゆで卵を入れて煮ていきます。

ナンプラーは塩気の強い魚のだしのようなものなので、煮ている間のにおいは強烈ですが、下手なだしよりずっとおいしいもの。

今までにご紹介したしょうゆ煮に加えるゆで卵は水から入れ、沸騰してから約10分ゆでた固ゆで卵を使います。ただし、2つ割りにしたとき、黄身が真中にくるように沸騰するまでの間、菜箸で静かに卵を転がすなど、その手間と時間管理が意外に大変。わが家では、ゆで卵作りに専用のゆで卵器（東芝製）が活躍しています。

豚肉のナンプラー煮込み活用法

ベトナムでは屋台でも店先でも、煮込んだ具材を煮汁とともにご飯にかけて食べている人の姿がしばしばしば見られ、思わずのぞき込みたくなります。

　そして、日本のおでんのように具と水と調味料を足しながら火を入れ続け、長くいただきます。こうしてみると、どの国の家庭料理にも、火を通すたびに味がしみておいしくなる煮込み料理があるものですね。そのためには、最初は甘さも辛さも少し控えめに、薄味にしておくといいです。

　煮込んだ具材はそのまま器に盛っていただきますが、ときには肉をほぐしてめん料理に使うことも。めんといってもいわゆる汁そばではなく、ゆでた乾めんと具材を混ぜたあえそば。ゆでためんには軽く下味をつけておき、ほぐした豚肉や香味野菜（長ねぎや香菜）をのせ、煮汁でたれを作って混ぜます。

　煮汁でたれを作るとき、唐辛子でもいいのですが、私は豆板醤をたくさん入れ、かなり辛くして食べるのが好きです。

牛肉のしょうゆ煮

材料（作りやすい分量）
牛かたまり肉（すね肉またはシチュー用の肉）…800g　長ねぎのぶつ切り…2本分　にんにくまたはしょうが…2片　昆布（10㎝）…2枚　干ししいたけ…7〜8枚　みりん…¼カップ　酒…½カップ　しょうゆ…⅔〜1カップ　ゆで卵…4〜5個

❶干ししいたけは水またはぬるま湯につけ、しっかり戻す。
❷牛肉は半分に切り、にんにくまたはしょうがはたたきつぶし、長ねぎ、昆布とともに鍋に入れる。水をひたひたに注いで強火にかけ、煮立ったら火を弱める。みりんと酒を入れて1時間30分〜2時間ほどふたをせずコトコトと煮る。途中、あくをていねいに取り除く。
❸肉がやわらかくなったら、しょうゆ、①のしいたけ、殻をむいたゆで卵を加え、さらに1時間ほど煮る。途中でねぎは取り出す。
❹そのままさまし、食べやすく切り分けて器に盛る。
★保存はさましてから、煮汁ごと保存容器に入れて冷蔵室へ。

鶏肉の香りしょうゆ煮

photo p.130

材料（作りやすい分量）

鶏…½羽（鶏もも肉2枚でも）　砂糖…小さじ2　ゆで卵…4〜6個　調味液（しょうゆ…½カップ強　酒…大さじ4　サラダ油（ごま油でも）…大さじ1　水…1カップ　長ねぎのぶつ切り…½本分　しょうがまたはにんにくの薄切り…2片分　八角…2個　花椒…小さじ1）

❶鶏肉は大きく切り分け、皮を竹串でつついて砂糖をすり込む。

❷鍋に調味液の材料を入れて混ぜ合わせ、①の鶏肉と殻をむいたゆで卵を入れ、10〜15分つける。

❸落としぶたをして、弱めの中火で30〜40分ほどコトコトと煮込む。途中数回ほど卵を返し、水けが少なくなったら水を足す。各材料は食べやすく切り分けて器に盛る。

（副菜に）鶏肉とレタスの春巻き包み

photo p.131

材料と作り方（4人分）

❶しょうゆ煮の鶏¼羽分は薄く切る。レタス8枚は冷水でパリッとさせ、長ねぎ10㎝は長さを半分にして細切りに。

❷春巻きの皮4枚は1枚ずつはがし、半分に切って、ずらして並べ、蒸し器でさっと蒸す。

❸蒸した皮に①の材料を等分にのせ、くるりと巻く。

豚肉のナンプラー煮込み

材料（4人分）

豚かたまり肉（好きな部位）…800g　ゆで卵…4個　にんにく…1片　黒砂糖…大さじ1　しょうゆ…大さじ3　ナンプラー…大さじ4　黒粒こしょう…大さじ1

❶豚肉は5〜6㎝角に切り、にんにくはたたきつぶして大鍋に。卵を除くすべての材料を入れ、たっぷりの水を加えて強めの火にかける。

❷煮立ったら火を弱め、あくを除く。煮汁が⅔程度になったらゆで卵を加え、煮汁が約⅓になったら火を止める。

（めん類に）ほぐし豚肉入りピリ辛そば

材料と作り方（4人分）

❶中華乾めん（えびめんなど）4玉は熱湯でゆで、水けをきり、塩、こしょう、ごま油各適量をまぶしておく。

❷ナンプラー煮込みにした豚肉2片をほぐし、煮汁に好みの量の豆板醤を加え、①のめんとあえる。

❸②を器に盛り、長ねぎ1本を細切りにしてこんもりとのせ、香菜を適宜飾る。いただくときに、ライムまたはレモンを絞りかける。

《いろいろ野菜のオイル蒸し煮》
グリーン野菜のオイル蒸し煮
レシピ p.121

《肉とゆで卵のしょうゆ煮》鶏肉の香りしょうゆ煮　レシピ p.128

1. 春巻きの皮はくっつかないように、
1枚ずつはがして半分に切る。
この皮を少しずつずらして
蒸し器の底に並べ、さっと蒸す。

2. 蒸した春巻きの皮の上に
冷水でパリッとさせた
レタスの葉をのせる。
手前に切り分けた香りしょうゆ煮と
長ねぎの細切りをのせる。

3. 手前から春巻きの皮とレタスを
ともに円錐形に巻き込んでいく。
このとき、菜箸で具を押えながら
巻くのがコツ。

《肉とゆで卵のしょうゆ煮》

鶏肉とレタスの春巻き包み

レシピ p.128

トマトソースは、ときどきへらで混ぜながら
とろみがつくまで煮詰める。
木べらなどを動かしたとき、
鍋底が見えて、このように筋がつくまで。
水分をとばし、ここまで煮詰まれば完了。
レシピ p.156 〜 157 参照

ソースやパスタに使うトマトなどの野菜や
バジルなどのハーブ類は、
ステンレス製のふたつきのボールに入れ、
冷蔵庫に保存しておくと、
驚くほど長く鮮度が保たれる。

《トマトソース》フレッシュトマトの冷製パスタ　レシピ p.160

《トマトソース》トマト炒めご飯　レシピ p.161

《ゆで豆》
ひよこ豆のカレー煮込み
レシピ p.179

《ゆで豆》ひよこ豆とごまのペースト レシピ p.180

冷凍したゆで豆は1か月を
目安に使いきる。
急ぐときは、袋ごと水につけて
解凍する。

ゆで豆は煮汁ごと冷凍すると
パサパサにならない。
ステンレスのざるにのせて凍らせると
くっつかず急速冷凍できる。

《かつおだし》だし汁かけご飯　レシピ p.183

おでん

——わが家のおでんは目的別に2種類

先に紹介したベトナムでおなじみの豚肉のナンプラー煮込みのように、どの国でも煮直しながらおいしくなる煮込み料理というのがあります。それは日々の食事作りに追われる母親が生み出した、世界共通の知恵のようなもの。

日本で言えば、そうした煮込み料理の代表選手がおでんです。週末などにたっぷり作っておけば、あとはお鍋に入れっぱなし。帰宅したら火にかけるだけでいいし、量が減ったら新しく具材や煮汁を足して煮直せば、煮かえすほどにおいしくなります。

ところで、わが家で作るおでんは2種類あります。ひとつは、いわゆる「おでん」ですが、おでん種を手作りしたもの。下ごしらえに手間がかかりますが、材料のうまみが複雑にからみ合って、昨日よりも今日、今日よりも明日と確実においしさを増す「信田《しのだ》袋のおでん」。

もうひとつはよいだしをとり、とても薄い味つけの煮汁の中で、大根、こんにゃく、厚揚げというたった3品だけを煮る「シンプルおでん」。これはねぎみそをつけていただくので、「ねぎみそおでん」とも呼んでいます。

週末に時間的なゆとりがあり、パワーもみなぎっているなら、信田袋のおでんを作っておくとウィークデイがとても楽になりますし、ねぎみそおでんなら、だしさえあればお酒が飲みたい日にふと思いたっても、ほかのおかずを作る間にできます。

A　信田袋のおでん

いろいろ具の入った、いわゆる定番の「おでん」は、うちでは作ったその日には決して食べません。ですから、通常「今日おでんにしましょう」ということばは聞かれず、おでんが食べたいと思ったら、必ず「明日はおでんにしましょう」ということになるのです。それほど当日食べるおでんと、1日おいたおでんでは、味のしみ方が違います。

「明日はおでんに！」となったら、即今日から作り始めるのが常。わが家のおでんの目玉といえば、油揚げの口を開いて作る「信田袋」です。とにかくいろいろな具を入れるので、この袋作りが大変。これも、うちのおでん作りが2日がかりになる理由のひとつです。みんなはこれをまるで福袋のように、楽しみにして待っています。なにを入れるかは決めずに、そのときの好きなものを入れるからです。

たとえば、鶏ひき肉、白滝、ごぼう、干ししいたけと最低でもこのくらいは入れ、子どもたちが小さい頃は、コロコロに切ったにんじんとかれんこんも入れました。こうすると楽しさが先で、野菜嫌いになっているひまもなかったみたいです。

また、お餅を入れてもおいしいですし、いつも油揚げを半分にして袋にしていたのを、ときには大袋のまま使ってジャンボ袋に……。こんなふうにして作り手も食べ手も楽しむのです。

具は油揚げいっぱいに詰めずに、少し余裕を残して口の部分を絞り、水で戻したかんぴょうでしっかりと結びます。

メインの信田袋ができたら、あとの具もそのときどきで、ごぼう天、えび天、揚げボウルなどのさつま揚げ、大根、こんにゃく、結び昆布、厚揚げ、白滝、ちくわ麩などなど、好みで用意します。

　具の選び方は家族の好みに合わせ、ゆで卵が好きなら入れればいいですし、みんなが大根やこんにゃく好きなら、それを多めに入れるなどすればいいのです。ちなみに変わりこんにゃくは、私は赤唐辛子入りは好きですが、青のり入りはあまり好きではないなど、いろいろあるものです。

おでんをおいしく仕上げる材料選びと煮方

（1）当然のことながら、まず良質の素材を選ぶことが大切。おでんなら、良いおでん種を求めること。東京・池上に住んでいたころには、必ずおでん種を買いに行く店が決まっていました。蒲田にある小さな店でしたが、どれも手作りでとてもおいしかったのです。年輩のおじさんとおばさんが店の奥でさつま揚げを揚げていて、店先では若いお兄さんが威勢のよい声で売っていましたっけ。

　とにかく、おでん種とかハム・ソーセージのように「練り物」と言われるものは、いろいろな魚類とか肉類をミックスして作るものなので、できるだけ作り手の顔が見える店で買うと安心です。

（2）次に材料の下ごしらえをていねいにすること。少し手間ですが、必ずやっただけのことはありますから、おいしくするために手は抜けません。

　たとえば、油揚げ、厚揚げ、がんもどき、さつま揚げなどのように油で揚げた材料は、熱湯をかけるか、さっと熱湯にくぐらせて油抜きを。具材も煮汁もすっきりし、味の含みもよくなります。

　大根は米ぬかで軽く下ゆでしておくと、あくやえぐみが取れ、だし汁がしっかりしみ込みやすくなります。

　味を含みにくいこんにゃくには、表面に格子状の細かい切り込みを入れます。また、水から入れて沸騰させたあと5～6分ゆで、独特の臭いとあくを余分な水分とともに出すようにします。

　おもな下ごしらえは以上のようなものですが、どうせ手間をかけるのなら少し多めでもそれほど違わないもの。以前は、いつもわが家と姪の家の分をまとめて作ったりしたものです。

（3）おでんは煮込むだし汁が重要です。かつおだしを使うのがふつうですが、わが家ではかつおだしと鶏のスープを半々で使います。両方のうまみの相乗効果で、よりおいしいだし汁になるからです。とかくだし汁が先になくなりがちですから、あとから足せるように多めに用意しておきましょう。

　また、信田袋の中の具材から出るだしもいい味を出してくれます。

　味つけは塩味をメインに、酒をたっぷりと、しょうゆをちょっと色がつく程度に加えます。みりんは好きずきですが、私は入れません。野菜から出る自然の甘味で充分だからです。

　とにかく、煮汁の色をあまり濃くしないように注意しながら、塩と酒、しょうゆ少々を味をみながら入れ、煮汁の味を決めます。

（4）具は味のしみ込みにくいこんにゃくや、おいしいだしの味をよく含ませたい大根、信田袋などから先に煮汁に入れていきます。煮込むときも、そういった味をしみ込ませたい具を、ほかの具の下にして煮ます。煮込んだあとは1晩おくと、いっそう味がしみておいしくなります。

（5）1晩おいたあとはもう一度火を入れ、練り辛子をつけていただきます。ピリッとするものならなんでも合うので、大分県名産の「柚子こしょう」とか越後の「かんずり」、「練り辛子」など、好みのものをどうぞ。

B　シンプルおでん（ねぎみそおでん）

先の「信田袋のおでん」は、手間もかかりますし、具の種類も多いので、手軽に作るというわけにはいきません。でも、たっぷりおいしいだしの味がしみた大根、こんにゃく、厚揚げなどは、家族のみんなが大好きです。そこで2〜3種類の具材をピックアップして作ってみたら、それほど腕まくりしなくてもできるので、この「シンプルおでん」もわが家の定番になりました。濃いめのだしで薄味に煮て、ねぎみそをつけて食べる「ねぎみそおでん」にしたら、ご飯にもお酒にもよく合います。

だし汁はかつおだしが基本ですが、煮干しのだしや鶏のスープを加えて複雑な味わいにしたり、鶏のスープだけで煮たりしても（195ページ）、微妙に違うおいしさが楽しめます。

シンプルおでん（ねぎみそおでん）

材料（作りやすい分量）
黒こんにゃく…大1枚　大根…2/3本　厚揚げ…2枚　だし汁…6カップ　酒・塩・しょうゆ…各少々　長ねぎ…2本　白みそ（甘口）…1カップ　米のとぎ汁…適量

❶ こんにゃくは両面に格子状の細かい包丁目を入れ、水からゆでて、1枚を6〜8つの三角形に切る。
❷ 大根は3㎝厚さに切って皮をむき、半月切りにする。米のとぎ汁（米ひとつかみでも）で下ゆでし、水で洗う。
❸ 厚揚げは熱湯をくぐらせて油抜きし、1枚を6つに切る。
❹ 鍋にだし汁と酒、塩、しょうゆを加え、吸い物より少し濃いめの味に調える。ここに①〜③の材料を入れて弱めの火で40〜50分煮る。
❺ 長ねぎは小口切りにしてみそと混ぜ、④につけて食べる。

信田袋のおでん

材料（作りやすい分量）
信田袋｛油揚げ…2枚　鶏ひき肉…80g　干ししいたけ…2枚　白滝…½個　にんじん…30g　酒・しょうゆ…各大さじ½　塩…少々　かんぴょう…4本｝　えび天またはごぼう天…4本　揚げボール…4個　大根…800g　黒こんにゃく…1枚　厚揚げ…1枚　結び昆布…8個　ちくわ麩…4個　つみれ…4個　ゆで卵（好みで）…4個　煮汁｛かつおだし…5カップ　鶏のスープ…5カップ　酒…½カップ　塩…大さじ1½　薄口しょうゆ…大さじ2｝　練り辛子…適量　米のとぎ汁…適量

❶信田袋の油揚げ、えび天またはごぼう天、揚げボールは熱湯をくぐらせて油抜きし、油揚げは横半分に切って袋状に開く。干ししいたけ、かんぴょうは水につけてもみ、しっかりもどしておく。

❷こんにゃくは両面に格子状の細かい包丁目を入れる。このこんにゃくと白滝を水からゆで、沸騰後5〜6分ゆでて水にとり、水けをきる。こんにゃくはひと口大の三角形に切り、白滝は食べやすい長さに切る。

❸信田袋を作る。もどした干ししいたけとにんじんはせん切りにし、鶏ひき肉、②の白滝と混ぜ、酒、しょうゆ、塩も加え混ぜる。以上の具を、①で袋状にした油揚げに等分に詰め、口を絞って①のかんぴょうで結ぶ。

❹大根は3㎝厚さに切って皮をむき、大きい場合は半月切りにする。米のとぎ汁（米ひとつかみでも）でやわらかくゆで、水洗いする。

❺かつおだし、鶏のスープ、酒を合わせて煮立て、塩としょうゆで味つけして煮汁を作る。

❻大鍋にこんにゃく、大根、信田袋、ゆで卵を入れ、残りの具材も全部入れて、⑤の煮汁をたっぷりとはって強火にかける。煮立ったら弱火にして1〜2時間、ときどきあくをすくいながらじっくりと煮込む。

❼1晩おいて温め、具を取り分け、練り辛子や好みで柚子こしょうをつけていただく。

骨つき肉と根菜の炒め煮

――だしがなくてもおいしい煮物ができる

一般的に和風の煮物というと、だし汁を使って煮込むことが多いのですが、素材自体からうま味が出るものを使えば、水だけで煮ても充分においしい煮物ができます。

もともと素材には、だし（味）を出すものと、だしを吸い込むものがあります。ですから、両者を上手に組み合わせて煮込めば、わざわざだし汁を使わなくてもおいしい煮物ができるというわけです。

よい味を出す素材の代表選手といえば、骨つき肉。肉そのものからもだしが出ますし、骨のある肉を使えば、骨や骨のまわりにある筋からとてもよいうま味が出るのでおいしさはひとしおです。

一方、根菜やいも類、とくに大根やじゃがいもはおいしい味をよく吸い込んでくれます。

また肉と野菜を煮込むとき、最初に両方をよく炒めると、コクが出て、またそれがおいしい煮物の素になります。このように炒め煮にすると、他にも多くのメリットがあります。

炒めてから煮るとコクが出ると同時に肉の表面は熱で凝固するので、中はジューシーに仕上がり、かたくなりません。大根やいもは生から煮ると火が通るまでとても時間がかかりますが、炒めてから煮ると早くやわらかくなります。また、油の皮膜で煮くずれしにくくなるメリットもあります。

だし汁を使う煮物の場合は、私はだしを引き立てるほんの少しの塩やしょうゆで味つけするのが好みですが、素材から味を出す煮物の場合は、こっくりとしたあめ色になるまでよく煮て、しょうゆ味をしっかりつけたほうがおいしいと思います。

そこで煮込むとき水に加える調味料は、しょうゆと味全体をまろやかにしてくれる酒が不可欠です。甘みが欲しいときは、砂糖は使わず、奥深い甘さの出るみりんがおすすめです。塩けは、しょうゆだけでつけたり、しょうゆを少し減らしてみそを加えたりと、変化をつけると飽きません。

また私は、肉の臭みを取って、ピリッと煮物全体の味を引き締めるしょうがや赤唐辛子をたっぷりと使うのが好きですが、これはお好みでご自由に。

これらの煮物は広く使い回しがきくという料理ではありませんが、煮直しがきいて、こっくりとおいしくなる料理です。

A　鶏骨つき肉と大根の炒め煮

ぶつ切りの鶏骨つき肉からよいだしがでるので、そのうまみを大根にたっぷり吸わせてしょうゆ味に仕上げる、ご飯のすすむ煮物です。

ごま油で骨つきの鶏肉をきつね色になるまでよく炒め、そこに乱切りにした大根も入れてまたよく炒めるわけですが、この乱切りという切り方はそれなりに意味のあるものです。

大根はおでんのように厚めの輪切りにすると、下ゆででもしておかない限り、火が通るまでにかなりの時間を要します。そこでこの料理では炒めてから煮るわけですが、乱切りにすると表面積が広くなって火通りがよくなるので、早く煮えるようになります。また、大きめの乱切りにするか、小さめの乱切りにするかによって、自分で煮る時間を調節することができます。

帰宅が遅くなって早く夕食を仕上げたいときなどは、小ぶりの乱切りにするとより早く煮えますし、こうした煮物は煮汁で煮ている間は手があくので、その間に簡単な副菜やサラダなどができてしまうと思います。

炒めてから煮込むときの大根は、皮をむかずにそのまま乱切りにします。一方おでんのように繊細なうまみのだし（かつおだしや鶏のスープ）を吸わせるときは、大根の皮は厚めにむいてください。乱切りにしてしっかり味をつけるような料理には、皮むきしないでＯＫなのです。もちろん、好みで皮をむいてもいいのですが、時間をかけてこっくり煮るようなときは、皮つきのほうがかえって身やせや煮くずれも防げます。

調味料はしょうゆとみりんで、こっくりした甘辛味に仕上げるわけですが、このときに日本酒をたっぷり入れるのが、おいしさのポイント。

プロが作る洋食にはよくワインやブランデー、中国料理には紹興酒や老酒が使われるように、お酒にはたんぱく質分解酵素が含まれていて、肉がやわらかく、奥深い味に仕上がるからです。ですから、日本酒は臆することなく、煮汁のほとんどになってもいいくらいにたっぷり使っても大丈夫です。ただし、料理酒（料理用清酒）ではなく、飲むためのお酒を使うことをおすすめします。良い調味料を使うことは、料理上手への早道です。

B　鶏手羽先とじゃがいもの炒め煮

鶏手羽先肉もぶつ切りの骨つき肉同様に、骨からよいだしがでる上に、安価で火の通りも早く、コラーゲンもたっぷりです。手羽先全体を使ってもいいですし、手羽先の先の部分（手指という）を取り除いた手羽中だけを使ってもＯＫです。ただし手羽先肉でも、胸に続く部分の手羽元は、手羽先よりゼラチン質や脂肪が少ないのが特徴。どちらを使うかはお好みで。

　この鶏手羽先とじゃがいもの炒め煮の具は、文字通り手羽先とおいもだけ。おなじみの肉じゃがよりずっと簡単なのに、手羽先からのだしのおかげで、コクが出ておいしいのです。とは言え、よい香りをつけてくれるしょうがは欠かせません。

　じゃがいもは水につけて、表面のでんぷん質を取ると、味の含みがよく、ほっくりと煮上がります。

　煮る前によく鍋を熱して、手羽先とじゃがいもの表面に焼き色がつくくらい炒めておくことが大切。こうするとうまみを逃さず、煮くずれも防げるのは、１４４ページの鶏骨つき肉と大根の炒め煮と同じです。

　大ぶりのゴロゴロとした材料を炒めるときは大きめの鍋が必要ですが、私は中華鍋や大きいフライパンを使って炒めます。思い切り材料を大きくころがして炒めることができますし、ここへ水をひたひたに注いで調味料を加えれば、それで煮物ができてしまいます。落としぶたをして煮る際も、表面積が広いので材料の重なりが少なく、煮汁が回りやすくなります。適当なふたがないときは、アルミホイルでおおい小さいふたをのせておけばＯＫ。

C　豚スペアリブと大根の炒め煮

　ここまでご紹介してきたこっくり味の炒め煮。かなり時間のあるときならいいけれど、「いつものおかず作りのように、30分程度で煮上げるのは無理でしょう？」と思っていませんか。

そんなときこそ、ちょっと工夫すれば不可能が可能になります。

まず骨つき肉は、だしの出る骨の部分がたっぷりで、肉が比較的薄く火の通りの早い豚スペアリブにしてみましょう。いっしょに煮る大根は皮をむかず、小ぶりの乱切りにすると、これも火の通りが早くなります。このように骨つき肉の種類を変え、大根の切り方を工夫するだけで、下ごしらえから完成まで30分以内ででき上がってしまいます。

スペアリブから出たよいだしがしっかり吸収されて、大根が主役といってもいいほどのおいしさ。味つけは今までの炒め煮2品のように、水と酒、みりん、しょうゆで煮込んでもいいのですが、しょうゆを少し減らし、みそをプラスして煮込むと、よりご飯のすすむおかずになります。みそで煮たら、いただくときに七味唐辛子をふってください。

鶏骨つき肉と大根の炒め煮

材料（4人分）

鶏もも骨つき肉（ぶつ切り）…２００ｇ　大根…½本（約５００ｇ）　酒…⅓カップ　みりん…大さじ3　しょうゆ…大さじ3　しょうが…１片　赤唐辛子…１本　ごま油・飾り用しょうが…各適量

❶大根は皮つきのまま、大きめの乱切りにする。好みで皮をむいてもよい。しょうがは薄切りにし、飾り用のしょうがはせん切りにして針しょうがに。

❷中華鍋を熱してごま油としょうがの薄切りを入れてさっと炒め、ぶつ切りの鶏肉も入れてきつね色になるまで炒める。

❸乱切りにした大根を入れ、色づくまでよく炒め合わせる。

❹酒、みりん、しょうゆと赤唐辛子を入れ、水をひたひたに注いで煮立てる。あくを除いて弱めの中火にし、落としぶたをしてほぼ汁けがなくなるまで30分ほど煮る。途中で1～2度上下を返し、全体に味をしみ込ませる。

❺器に盛り、上に①の針しょうがを飾る。

鶏手羽先とじゃがいもの炒め煮

材料（4人分）

鶏手羽先…8本　じゃがいも…4〜5個　酒…大さじ2　みりん・しょうゆ…各大さじ4　しょうが…1片　サラダ油・飾り用しょうが…各適量

❶じゃがいもは皮をむいて2〜4つに切り、水に15分ほどつける。手羽先は先の部分（手指）をキッチンバサミなどで切って除く。しょうがは薄切りにし、飾り用しょうがはせん切りにして針しょうがに。

❷中華鍋を熱し、サラダ油としょうがの薄切りを加えてさっと炒め、①の手羽先を入れて表面にこんがりと焼き色がつくまで炒める。

❸①のじゃがいもを加えて炒め、焼き色がついたら酒、みりん、しょうゆを入れ、水をひたひたに注いで煮立てる。あくを除いて弱めの中火にし、落としぶたをして汁けが少なくなるまで30分ほど、コトコトと煮る。途中で1〜2度上下を返し、全体に味をしみ込ませる。

❹器に盛り、上に①の針しょうがを飾る。

豚スペアリブと大根のみそ風味炒め煮

材料（4人分）

豚スペアリブ…8〜10本　大根…2/3本（約700g）　酒・みりん…各大さじ3　しょうゆ…大さじ1　みそ…大さじ3　しょうが…1片　赤唐辛子…1〜2本（好みで）　ごま油・七味唐辛子…適量

❶大根は皮をむき、小さめの乱切りにする。しょうがは薄切りにする。赤唐辛子は種を除く。

❷鍋を熱し、ごま油と①のしょうがを加えて軽く混ぜ、スペアリブを入れて炒める。肉に焼き色がついたら①の大根を加え、大根にも薄く焼き色がつくまで炒める。

❸赤唐辛子、ひたひたの水を加えて煮立て、あくを除いて中火にし、落としぶたをして15分ほど煮る。

❹③に酒、みりん、しょうゆを加えてさらに5分ほど煮て、最後にみそを加えて煮からめる。

❺器に盛り、七味唐辛子をふる。

★豚スペアリブの代わりに鶏手羽先を用いてもよい。

肉と野菜のトマト煮
——トマトのうまみを引き出す煮方を

ここまでは、おいしくできる和風煮込みについてお話ししましたが、同じような材料でもガラリと表情が変わる洋風煮込みについてお話ししましょう。

トマト煮はとても簡単でだれもが失敗なくできる煮方なのでおすすめです。おいしく煮る秘訣は、完熟トマトまたはトマト缶を使って煮ること。トマトは20分以上煮込むと、うまみが引き出されて、とてもおいしくなるからです。ただし、生のトマトにはおいしさにかなりばらつきがあります。おいしい完熟トマトかどうか不安がある場合は、むしろ安定した味わいのトマトの水煮缶を使うことをおすすめします。確かなメーカーのトマト缶を使いましょう。「鶏骨つき肉とじゃがいものトマト煮」などは、よくだしの出る骨つき肉やトマトをいっしょに煮るわけですから、これはおいしくなって当然。

「では、骨つきではない肉ではだめ？」と問われそうです。ふつうの豚肉、牛肉、鶏肉などを使う場合は、次ページの「豚肉とかぶのトマト煮」のようにちょっとした工夫で、同様においしくできます。

トマト煮のような調理法は、先に紹介した炒め煮と同じように次に展開できるという料理ではありませんが、火を入れればまたおいしくいただけます。

A 鶏骨つき肉とじゃがいものトマト煮

このトマト煮の煮方を覚えておくと、とにかく骨つきの肉と冷蔵庫にあるいろいろな野菜で応用がきくので、とても重宝します。

骨つき肉は鶏肉のぶつ切りを使うと骨も肉もたっぷりで満足感がありますが、炒め煮でもご紹介したように鶏手羽先や豚スペアリブでもOKです。

とにかく、骨つき肉を使ってよく炒め、コクと香りを出した上で水と煮込むと、よくだしが出ておいしくなります。そのとき、トマトもいっしょに長めに煮込めば、さらに香りと酸味が加わります。

トマト煮込みにドライトマトを2～3枚入れたり、パルミジャーノチーズの外側のかたいところを入れると、さらに味に深みが出ます。

B　豚肉とかぶのトマト煮

骨つきではない豚肉、鶏肉、牛肉でも、野菜をたっぷり使えば、あっさりしたうまみを楽しめます。

まず最初に玉ねぎ、にんにく、にんじん、セロリなどの香味野菜をたっぷり使うこと。みじん切りにしてオリーブオイルなどの油でしんなりするまでよく炒めて、肉を入れます。肉自体も焼き色がつくくらいまでよく炒め、コクと香りを出しておくことが大切です。

骨つき肉の場合は骨から出るだしがスープ代わりになるので、水とトマトで煮込みましたが、ここではたっぷりの野菜から出る味を大切にします。私は固形スープは使っていませんが、だし（スープ）にコクがいまひとつ足りない場合には、固形スープ1～2個をくずして入れてもよいでしょう。

かぶはすぐ煮えるので最後に入れますが、かぶに限らず、よく炒めた大根、軽く揚げたなすやピーマン、たっぷりのきのこなど、季節の野菜を加えてもいいのです。

鶏骨つき肉とじゃがいものトマト煮

材料（4人分）

鶏骨つき肉（ぶつ切り）…300g　じゃがいも…4個　にんにく…3片　トマトの水煮缶（400g）…1缶　さやいんげん…100g　オリーブオイルまたはサラダ油・塩・こしょう…各適量

❶じゃがいもは皮をむいて2～4つに切り、水に10～15分つける。さやいんげんは筋を取り、半分に切ってさっとゆで、にんにくは包丁の腹でつぶしておく。

❷鍋でオリーブオイルを温め、鶏肉と①のにんにくを入れ、鶏肉がきつね色になるまで炒め、①のじゃがいもを加えてよく炒め合わせる。

❸トマトの水煮缶を缶汁ごと入れ、空いた缶1杯分の水を加え、じゃがいもがやわらかくなるまで弱めの火で煮る。

❹仕上げに①のいんげんを入れ、塩、こしょうで調味する。

豚肉とかぶのトマト煮

材料（4人分）

豚肩ロース肉（角切り）…400g　塩・こしょう…各少々　かぶ…6～7個　玉ねぎのみじん切り…1個分　にんにくのみじん切り…1片分　にんじんのみじん切り…½本分　セロリのみじん切り…あれば1本分　トマトの水煮缶（400g）…1缶　オリーブオイル…大さじ4　鶏のスープ・塩・こしょう…各適量

❶豚肉は全体に塩・こしょうをふっておく。鍋にオリーブオイルを入れて温め、玉ねぎ、にんにく、にんじん、セロリのみじん切りを入れて炒め合わせる。しんなりしたら、豚肉を加え、返しながら色が変わるまで焼く。

❷トマト缶を缶汁ごと加え、鶏のスープをひたひたになるまで注ぐ。煮立ったら弱めの火に直し、あくをとりながら40～50分煮る。水けが足りなくなったらスープを足し、肉がやわらかくなるまで煮て、塩、こしょうで調味する。

❸かぶは皮をむいて2～4つ割りにし、茎の部分は3㎝長さに切る。②の鍋にまずかぶの実を入れ、やわらかくなったら、次に茎を加えてさっと煮る。

第4章 いつも冷凍庫にストックしてある作りおき

冷凍庫の性能が進歩し、冷凍保存の能力も確実にアップしているのに合わせ、毎日の食事作りで既製の冷凍食品に頼ることが増えてきていませんか……。

でき合いの冷凍食品は確かに手軽かもしれませんが、本物のおいしさや安全性、作る楽しみなどから少しずつ遠のいてきているように思えてなりません。

時間をかけずにおいしいものを作るためには、前もってかけるべき手間が必要です。でも、その手間もちょっと要領をつかんでおけばそれほど大変ではなくなります。

食事のたびに作るのではなく、作りおけるものは一度に1～2回分くらい多めに作ってストックし、次の食事にもおいしく生かしたいものです。

そこで私の、「これがあって、本当に助かった！」という作りおき、冷凍庫の常備品をご紹介しましょう。

たとえば急な来客時に、冷凍してある手作りパスタソースで、「こんな本格的なパスタがすぐできるなんて」と驚かれたり、ストックしてあった冷凍ご飯とだし汁で、疲れた日でも胃にやさしいお雑炊がすぐにできたりしたもの。それは結果的に、作りおいてもあまりおいしさの損われない、冷凍向きの作りおきということになると思います。

ソース類——赤い色のソースとグリーンのソースを常備

　トマトソースは作るときは一度にたっぷり作り、その日に使う量以外は冷凍して常備するように心がけています。すると、パスタにからめるほか、ガーリックトーストにのせたり、ピラフや煮込み料理に活用したり、焼いた肉や魚のソースにしたり、いろいろに使い回せて助けられることが多いのです。

　冷蔵庫にいつでもあるのは、トマトソースやミートソースといった赤い色のソースと、ハーブをたっぷり入れたグリーンのソースです。

　こうしたソース類は保存してあれば、パスタをゆでるだけで「すぐにおいしい」が可能になる魔法のストックになります。

上手な冷凍の仕方——空気を抜いて小分けに

　いったん冷凍したソースを、その場で半分にしたいと思っても大変なので、冷凍する場合は使うときのことを考えてなるべく小分けにして冷凍します。量が少なければ早く凍り、解凍も楽で素材が傷みにくいというメリットもあります。

　小サイズのフリージングパックに1回分ずつを小分けにして入れ、できるだけ空気を抜き、口をぴっちりと閉めて保存します。臭いを移したくないものは、袋を二重にすると安心です。

　閉じるとき空気を抜くのは、空気を入れたまま密閉してしまうと、食品が乾いたり酸化して味や鮮度が落ちやすいから。うまく空気抜きができないときは、ストローで吸い出します。

絶対避けたいのは、一度解凍したものを再冷凍すること。確実に味が落ちるのでやめましょう。

上手な解凍法——急ぐときは少し溶かして鍋に

冷凍したソースを使うときは自然解凍すればいいのですが、使う時間を見計らって冷凍室から出すというのは、忙しい日常ではなかなか難しいもの。

そこで急ぐ場合は、袋ごと表面だけお湯につけるか、ちょっとだけレンジにかけ、表面を少し溶かします。次に袋から出して鍋に移し、弱火で溶かしながら温めていきます。

以上は温かい料理に使う場合ですが、とくにグリーンソースなどを冷たくして使うときは、前日には、冷蔵室に移しておきます。

A　トマトソース

わが家で作るトマトソースは2種類。生のトマトから作る場合と、トマトの水煮缶を使って作る場合とがあります。

じつは、トマトくらい味の濃いおいしいものと、まずいものの差がはっきり分かれる野菜はありません。生のトマトでもハウスものだと形はよくてもトマトらしい味や香りが薄く、野菜としてのパンチが感じられないのです。そんなトマトではせっかくトマトソースを作っても、おいしくできません。

けれども真赤な皮がパチッとはじけるような露地ものの完熟トマトがたくさん手に入ったときには、新鮮なうちにトマトソースにします。私がよく使うのは、日本の代表的な品種「桃太郎」です。

また、日本の生トマトで意外においしいのがプチトマト。小さいながら身が締まり、トマト本来の甘酸っぱい香りがあって、うまみもギュッと凝縮されています。大きいトマトで作るよりも、濃厚に仕上がります。

　生のトマトのおいしさに不安のあるときは、むしろトマトの水煮缶を使うほうが安心です。1年を通して安定した味わいが得られます。

　ただし、素性の知れたメーカーのトマト缶を使うこと。イタリア製のトマト缶には細長い形のサンマルツァーノ種が多く使われています。この品種は水分が少なめで果肉が厚く、甘みがあるので、加熱用にぴったり。格安品には、中国産のトマトを使ってイタリアで缶詰にした製品もあるようです。品質表示はよく確認して買うこと。

　生であれ、缶詰であれ、良質の材料がそろったらいよいよソース作りのスタートです。

トマトソース作りのコツ——しっかり煮詰めて

（1）まず、フレッシュトマトを使う場合の作り方。桃太郎のようなふつうの生トマトなら、ヘタを除いて粗く切り、鍋に入れてにんにくとオリーブオイルを加えます。プチトマトの場合はヘタを取って丸ごと入れ、にんにくと水少々、オリーブオイルを加えます。

　鍋を弱火にかけ、トマトの皮がはじけてくるくらいまでグツグツと煮ます。このままですと皮が口に残ってしまうので、一度裏漉し器で漉します。またはミキサーとかハンドミキサー（バーミックスなど）にかけてつぶしてもいいのです。以上を鍋に戻し、水分をとばすようにときどきへらで混ぜながら、とろみがつくまで煮込みます。最後に塩で薄めに味を調えれば終了。

　どの程度まで煮詰めればいいか、その見分け方はへらを動かしたとき、ソースが切れて鍋底が見えるくらいまで。そうなったら完了です。
photo p.132

イタリアでは、トマトの盛りに各家庭でトマトソース作りをします。前述のトマトソースは近所のおばさんに習った方法。イタリアでは「パッサート」と呼ばれるソースです。トマトを煮るときにバジルやにんにくを入れることもあります。

（2）次に、トマトの水煮缶で作るトマトソース。これもいろいろな料理に使い回したいので、味つけは最小限にしておきます。

まず、水煮のトマトをつぶします。缶から出して手のひらでつぶしてもよいのですが、私はトマトの水煮缶に直接ハンドミキサーの先を入れて撹拌します。あっという間に均一のなめらかさになります。

にんにくは包丁の腹で、押しつぶしておきます。鍋にこのにんにくとオリーブオイルを入れて弱火で炒めます。香りが立ってきたら、つぶしたトマトとバジルの葉を加えて、15〜20分ほど弱めの火のまま煮詰めます。水分がとんでとろりと煮詰まり、へらで混ぜたとき鍋底が見えるようになったらでき上がり。最後に塩少々で味を調えます。

トマトの水煮缶で作ったソースは、味にバラつきがなく、よく煮詰めてハーブを加えることにより、おいしくて雑味のないすっきりとした味に。

保存するときはにんにくとバジルを除き、フリージングパックになるべく平らに詰めます。なるべく小分けにして入れると使いやすいでしょう。

トマトソースがあれば、パスタばかりでなく、ご飯物やスープ、煮込みなどのおかずも楽にでき上がります。

トマトソースの活用法——使い回しは多種多彩

（1）幅広く使い回しがきくトマトソースですが、

やはり人気があるのはパスタです。

うまみや香りがギュッと凝縮されているプチトマトソースなら、ソース自体のおいしさをまずシンプルに味わいましょう。ゆでたパスタに、温めたプチトマトソースとすりおろしたパルミジャーノチーズ（粉チーズ）をからめるだけ。器にこんもりと盛り、ちぎったバジルを添えれば、それでもう充分おいしいパスタのでき上がりです。

同様にトマトのおいしさを存分に味わいたい場合には、水煮缶のトマトソースとおいしい生のトマトを合わせ、冷たいパスタにからめたフレッシュトマトの冷製パスタはいかが。

このようにトマトを生のまま使うときは、ちょっと奮発してフルーツトマトにしても……。春先に出回るトマトで、ただ甘いだけでなく、甘味と酸味のバランスのとれたものを選びましょう。

ほかになすやズッキーニなど、野菜類を炒めたり、揚げたりしてトマトソースと混ぜたり、そこへ肉や魚介をプラスしていけば、トマト味のパスタソースの可能性は無限大に広がります。わが家で人気なのは、きのこ＋トマトソース、あさり＋トマトソース、ツナ＋トマトソース＋ケイパーなど。ニョッキのソースにもいいのです。

（2）パンやピッツァにぬるソースとしても、トマトソースは大活躍します。パンでトマトソースのおいしさをシンプルに味わいたいなら、フランスパンのバゲットで。まず、バゲットを食べやすい厚さに切り、トーストしてからにんにくの切り口をこすりつけて、香りを出します。次に、オリーブオイルをかけて少し煮つめたトマトソースをぬれば、トマトのブルスケッタのでき上がり。これがイタリアでは、ワインに合う手軽なおつまみやアンティパスト

（前菜）になります。

　トマトソースをパンにぬり、モッツァレラチーズをのせて焼けばピッツァ風トーストです。

（３）トマトソースはパンばかりか、ご飯にもおいしく生かせます。おなじみのチキンライスやトマトリゾットなどにも使えますが、トマトソースそのものの味をシンプルに味わえるトマトピラフやトマト炒めご飯に生かすのが気に入っています。

　トマトピラフはトマトソースで炊いたやさしい味のご飯ですし、トマト炒めご飯はトマト味の焼き飯です。にんにくと玉ねぎを炒め、そこにご飯とトマトソースを混ぜ入れるだけのシンプルご飯ですが、少し焼き目をつけて仕上げるとこうばしくておいしいのです。

　ご飯にトマトソースを混ぜて、モッツァレラチーズを芯にした丸いおにぎりを作り、ごく細かいパン粉の衣をつけてオリーブオイルで揚げれば、わが家風のシンプルな「アランチーノ・ディ・リゾ」。

（４）メインディッシュから副菜まで、いろいろなおかずにも幅広く応用できます。

　シンプルなオムレツや魚介のソテーも、きのこなどを入れたトマトソースをかければ、しゃれた一品になり、ボリュームも出ます。

　イタリアでおなじみのトマトソース料理に、「ピッツァイオーラ」というのがあります。主材料は肉、魚ともＯＫですが、私は牛肉で作ります。牛肉、モッツァレラチーズ、トマトソースを重ねてコトコトと煮込んだイタリアのお総菜。牛肉は少しにして、玉ねぎやなす、ズッキーニなど手もとにある野菜をたっぷり入れればヘルシーな一皿に。これもおいしいトマトソースさえあればできる、簡単でおいしいおかずです。

（生トマトで）プチトマトソース

材料（作りやすい分量）

プチトマト…5パック　にんにく…3片　オリーブオイル…大さじ3　塩…少々

❶にんにくは包丁の腹でつぶす。プチトマトはヘタを取って鍋に入れ、にんにくとオリーブオイルを加える。

❷プチトマトの皮がはじけるまで、弱火でグツグツと煮る。

❸トロリとするまで煮つめたら裏濾し器で漉して皮を除き、塩で薄めに味を調える。お好みで、漉さずにトマトの形を残してもよい。

（水煮缶で）トマトソース

材料（作りやすい分量）

トマト水煮缶（400g）…3缶　にんにく…3片　オリーブオイル…大さじ3　バジル…1枝　塩…少々

❶水煮缶のトマトはバーミックスなどで均一につぶしてなめらかにしておく。

❷にんにくを包丁の腹でつぶし、オリーブオイルとともに鍋に入れる。弱火で炒め、香りが出たら①とバジルを加え、そのまま弱火で20分ほど、ときどき混ぜながら煮る。

❸とろりとしたら塩で薄味に調え、にんにくとバジルを除く。

（パスタに）フレッシュトマトの冷製パスタ　photo p.132

材料（2人分）

パスタ（スパゲッティーニなど）…160g　塩…適量　フルーツトマト…5～6個　トマトソース…½カップ　パルミジャーノチーズ（粉チーズ）…30g　オリーブオイル・塩・こしょう…各適量　オレガノ（バジルでも）…2枝

❶フルーツトマトはヘタを取って、くし形切りにする。

❷ボウルで①のトマトと粉チーズを混ぜ、オリーブオイル大さじ3を加えて全体に混ぜ、味をなじませておく。

❸塩を加えた湯で、パスタをいつもより少しやわらかめにゆでる。

❹ゆでたパスタは流水で熱をとり、よく水けをきる。

❺②のボウルに④のパスタとトマトソースを入れてよくあえ、塩、こしょうで味を調える。

❻器に盛って、あればオレガノを飾る。

★冷製パスタの場合、水にさらすことでめんが引き締まってかたくなるため、通常よりやややわらかめにゆでるのがコツ。ただし、ゆですぎは禁物。コシを残しながらも、芯がなくなるくらいまでゆでる。

★スパゲッティーニはスパゲッティよりやや細めの、直径1.5～1.6㎜前後のパスタ。

（パンに）トマトソースのブルスケッタ

材料と作り方（2人分）

❶2㎝厚さに切ったバゲット4切れは、トースターで焼く。
❷にんにく½片の切り口を、①のバゲットにこすりつける。
❸オリーブオイル適量をかけ、プチトマトソース大さじ3〜4をぬる。あればオレガノ（ドライ）をふる。

（炒めご飯に）トマト炒めご飯

photo p.133

材料（2人分）

ご飯…2カップ強　赤玉ねぎ…½個　にんにく…1片
トマトソース…大さじ4　オリーブオイル…大さじ2
パプリカパウダー・塩・こしょう…各適量

❶赤玉ねぎの半量はみじん切り、残りは薄切りにして、薄切りは冷水に10分ほどつける。にんにくはみじん切りに。
❷中華鍋を熱してオリーブオイルを入れ、にんにくと赤玉ねぎのみじん切りを入れて炒める。香りがたったら温かいご飯とトマトソースを入れ、全体を混ぜ合わせる。
❸塩、こしょう、パプリカで味を調え、混ぜながらへらでご飯を鍋肌に押えるようにして軽く焦げ色をつける。
❹器に盛り、①の赤玉ねぎの薄切りを添える。

★ご飯は白飯だけでなく雑穀を混ぜたご飯、玄米ご飯にも合う。

（炊き込みご飯に）トマトピラフ

材料（4人分）

米…3カップ　ソーセージ…4本　ピーマン…2個
赤ピーマン…2個　玉ねぎ…½個　にんじん…½本
オリーブオイル…大さじ3　トマトソース…1カップ
水…2½カップ　塩・こしょう…各適量

❶ソーセージは3〜5㎜厚さの輪切りにする。緑と赤のピーマンは小角切りに、玉ねぎとにんじんはみじん切りにする。
❷厚手の鍋にオリーブオイルを熱して①の玉ねぎとにんじんを炒め、米も洗わないで加えてさらに炒める。
❸米が透き通ってきたら、トマトソースを加えて混ぜる。①の緑と赤のピーマン、ソーセージを加えて水を注ぐ。
❹塩とこしょうで調味し、沸騰したら弱火にし、ふたをして20分ほど炊く。最後に2分ほど火を強め、おいしいお焦げを作る。火を止めて5〜10分蒸らし、鍋底から全体にさっくりと混ぜる。

★鍋の底にできたお焦げも香ばしくて美味。このご飯は冷めてもおいしいのでお弁当にも合う。

（卵料理に）オムレツのトマトソースがけ

材料（2人分）

卵…3〜4個　バター・塩・こしょう…各適量　トマトソース…1カップ　しめじ…½パック　イタリアンパセリ（あれば）…適量

❶しめじは石づきを除いて小房にわける。
❷卵は割りほぐして、塩、こしょう各少々を加え混ぜる。
❸小さめのフライパンにバターをたっぷり入れて溶けたら、卵液の半量ずつを流して、ゆるめのオムレツを作る。
❹小鍋でトマトソースを温め、①のしめじを入れて煮る。
❺器にオムレツをのせて④のソースをかけ、イタリアンパセリを刻んで散らす。

★トマトソースに入れるきのこの種類は手元にあるものでOK。
★器にトマトソースを敷き、上にオムレツをのせてもいい。

（肉料理に）牛肉のピッツァイオーラ

材料（4人分）

牛もも薄切り肉…500g　玉ねぎ…大1個　にんにく…2片　モッツァレラチーズ…2個　オリーブオイル…適量　ローリエ…4枚　塩・こしょう…各適量　トマトソース…2カップ

❶牛肉は食べやすく切る。玉ねぎは薄いくし形に切り、にんにくはみじん切り、チーズは薄切りにする。
❷鍋にオリーブオイル適量をひき、トマトソース、玉ねぎ、にんにく、ローリエ、牛肉の順に、それぞれ⅓ずつを入れ、塩、こしょう少々をふる。さらにチーズの⅓の量をのせる。
❸各材料を②の要領で3段に重ねるが、いちばん最後のチーズだけはのせないで残しておく。
❹③の鍋を弱めの中火にかけ、オリーブオイル少々を全体に回しかけ、ふたをして20〜30分、グツグツと煮込む。
❺最後に残しておいた③のチーズをのせ、とろりとしたら火を止める。

★肉をすずきなどの魚にしてもOK。またズッキーニ、パプリカ、しいたけなど、好きな野菜を加えてもおいしい。

B　ミートソース

スパゲッティミートソースといえば、ボローニャ地方の名物メニュー。イタリアではミートソースのように煮込んで作るソースをラグーと呼び、その起源はギリシャ・ローマ時代にさかのぼるとか。

日本でミートソースというとあまり目新しさのないありふれたソースのように思われがちですが、伝統ある調理法のひとつだけに、とても奥深い味わいと、非常に幅広い応用力を発揮するソースです。

娘たちが学生だったころ、1月3日に彼女たちの友人を招くことがありました。おせち料理をおいしいうちに食べきってもらいたいという意向もあったのですが、いくらおせちがおいしくても食べ盛りの若い人にはもの足りなさそうでした。そこでありあわせの肉と野菜、たっぷりのワインを入れて作ったミートソース。あっという間になくなりました。

このレシピは玉ねぎ、あればにんじん、セロリなどの野菜をたっぷり使います。ひき肉と野菜をしっかり炒めて、赤ワインで煮ることで、おいしくなるミートソースです。野菜から甘みが出ますから、ケチャップなどは不要。この味で育った娘たちも、スパゲッティミートソースを食べたいと思ったら、自分で作るしかこの味は再現できません。そんなわけでちゃんと料理をする娘に育ってくれました。

ミートソースに限りませんが、母親がきちんと料理を作って子どもに食べさせていれば、強制しなくてもいつの間にかちゃんとできる大人になる——私は体験的にそんな気がしています。

野菜の甘みと赤ワインがミートソース作りのコツ

ミートソースは一度にたくさん作った方がおいしいもののひとつです。少量ではなかなかいい味が出てこないもの。ひき肉は肩肉のような脂の少ないところを粗挽きにしてもらいます。脂は多くても少なくてもよくないのです。ひき肉と野菜類がほぼ半々になるくらい入れると、野菜の持っている自然の甘みが出るのです。夏にはなすやズッキーニなどの夏野菜、秋からはきのこ類をたっぷり、作りおいたミートソースに加えてもいいでしょう。どの季節でも、にんにくと玉ねぎはたっぷり使います。

ひき肉を炒めると、初め水分が出てきますが、やがて肉の脂が出てパチパチと音がします。香ばしい香りがするまで炒め続けるのが第一のコツ。

以上の材料をたっぷりの赤ワインで煮込むことが第二のコツ。肉が６００グラムなら赤ワインは1本注ぎます。そのあとトマトも加え、独特の酸味のあるソースに仕上げます。肉のうまみに野菜の甘みが加わり、ワインによるバランスのとれた酸味が、奥深い味わいとなって舌の記憶に残ります。

ミートソースの活用法——野菜煮込みやグラタンに

（1）まずは、パスタソースとして生かしましょう。スパゲッティに限らず少し幅広のタリアテッレやペンネなどのショートパスタにも合います。パルミジャーノチーズやペコリーノチーズをかけるとコクが出ます。

（2）じゃがいもやカリフラワーなどのゆで野菜にミートソースをかけ、チーズをふって焼くと主菜に。また、ゆでたカネローニの中にミートソースを詰め、チーズをふって焼くと、本格的なイタリア料理です。板状のパスタとミートソース、ホワイトソースを幾層にも重ねてオーブンで焼いたラザニアなどもおなじみです。ミートソースで主菜のおかずが簡単にできるのです。

ミートソース

材料（作りやすい分量）

牛かたまり肉またはひき肉…６００g　玉ねぎのみじん切り…大１個分　にんにくのみじん切り…３片分　オリーブオイル…大さじ５　赤ワイン…１本（７５０ml）　トマト水煮缶（４００g）…２缶　オレガノ（ドライ）…小さじ２　塩・こしょう…各少々

❶牛かたまり肉の場合は、フードプロセッサーで粗くひく。

❷鍋にオリーブオイルを熱し、玉ねぎとにんにくのみじん切りを入れて炒め、香りがたってきたら、①の牛ひき肉を加え、焼き色がついてポロポロになるまで炒める。

❸赤ワインを加え、アルコール分をとばすように20分ほど煮たあと、トマトの水煮をつぶしながら缶汁ごと加える。ここへ固形スープの素、オレガノも入れて、中火で約30分、とろっとしてくるまで煮る。

❹塩、こしょうで味を調える。

★ミートソースは一度にたくさん作ったほうがおいしい。

（グラタンに）ブロッコリーのミートソースグラタン

材料（４人分）

ブロッコリー…大１株　塩・こしょう…各適量　バター…少々　ミートソース…２カップ　パルミジャーノチーズ（すりおろす）…大さじ４

❶ブロッコリーは小房に分け、塩を入れた熱湯でかためにゆでて水けをきる。

❷バターをぬった耐熱皿に①を並べ、ミートソースをかけておろしたパルミジャーノチーズ（粉チーズ）をふり、２００度のオーブンで15分ほど焼く。

★ゆでたじゃがいも、カリフラワー、長いもをとり合わせても。

C　グリーンのソース

わが家で作るグリーンのソースは2種類あります。おなじみのジェノヴァ風ペーストと、そのときあるグリーンのハーブをありったけ入れて作る、文字通り濃い緑色のグリーンソース。

ジェノヴァ風ペーストはイタリアでは、「ペスト・ジェノベーゼ」と呼ばれ、北イタリアの港町ジェノヴァで生まれました。

かつてこの地を訪れ、バジルの葉と松の実、にんにく、チーズ、オリーブオイルを大理石のすり鉢で混ぜて作るこのペーストが、この土地で誕生したことを身をもって納得しました。その材料のどれをとっても、良質なものがとれる土地柄だったのです。

とくにペーストの主材料となるジェノヴァのバジルは、本当にきれいな若草色でやわらかく、口に含むと苦みもなく、とてもよい香りがしました。

笑い、歌うこととともに食べることを快楽としてきた国イタリアでは、どこへ行ってもその土地に根づいた材料と、その材料から生まれたその土地ならではの料理が色濃く残っています。

ところで食卓では、先に紹介した赤い色のソース1種類と、グリーンのソース1種類があると、2種類の味のパスタが味わえて楽しいものです。赤と緑で色もきれいですし、味の変化もつきますから。

お皿の上に2種類のパスタを取り分けて、もし2つが混ざってしまってもそれはそれでおいしいもの。2つのソースをお皿に取り、ゆでたパスタやゆで野菜などに、混ぜながらつけても美味。

ですから、赤い色のソースとグリーンのソースは少なくとも1種類ずつは常備しておくようにするとそれだけで食事作りがずいぶん楽になります。

いったん作るとなったら1～2回分は多めに作り、冷凍しておくといいと思います。冷凍すれば加熱したものは1か月、生ものなら2週間はもちますが、やはり時間がたつと味が落ちるので、早めに使いきるようにしましょう。冷蔵庫内をぎゅう詰めにしないで、使ってから次を作るように心がけます。

電動調理器具で手軽に作り、時に応じて冷蔵も

ジェノヴァ風ペーストもグリーンソースも、ミキサー、フードプロセッサー、ハンドミキサーといった電動調理器具を使えば、あっという間にできます。とにかく、すべての材料がなめらかになるまで撹拌するだけ。ジェノヴァ風ペースト作りは、材料を順次入れてそのつど撹拌してもOKですが、最初にバジル以外の材料を撹拌し、次にバジルを入れて撹拌すると、早く全体がなめらかになります。

グリーンソースは、いろいろ残ったハーブをまとめて作ればいいので、その種類や量にこれといった決まりはなく、より手軽に作れると思います。

この2種類のグリーンのソースは冷凍できますが、使用頻度が高ければジャムの空きびんなどに入れ、冷蔵保存してもいいでしょう。この場合は表面にオリーブオイルを厚さ5ミリほど入れ、空気に触れないように保存するとより鮮度が保てます。

グリーンのソースをパスタ以外に生かす

グリーンのソースは肉、魚、豆、いも類や野菜などの料理によく合います。パスタ＋豆＋ゆでた魚介をグリーンソースであえた一品が、わが家では人気。ハンバーグ、牛や豚のステーキ、魚介のソテー、ゆで野菜と相手を選ばないところが便利です。

また、グリーンソースはそのまま使うだけでなくマヨネーズ（またはしょうゆやみそ）と混ぜたり、アンチョビを加えたりしても美味です。

ジェノヴァ風ペースト

材料（作りやすい分量）

バジル…80g　松の実…大さじ2　パルミジャーノチーズ…大さじ2〜3　にんにく…2片分　オリーブオイル…½カップ　塩・こしょう…各少々

❶バジルは洗って、葉を粗く刻む。まず、バジル以外の材料をミキサーに入れて撹拌し、なめらかにする。

❷①のバジルの葉を加えて、さらに撹拌する。途中、スイッチを止め、菜箸などで上下を返しながら、全体がなめらかになるまで撹拌して仕上げる。

★フライパンにペーストとパスタのゆで汁を入れて温め、ここへゆでたパスタとゆでたじゃがいもやいんげんを加えてあえると本場のジェノヴァ風パスタに。

グリーンソース

材料（作りやすい分量）

バジル…3〜4枝　イタリアンパセリ・ディル・ミント・パセリ・オレガノ・セージなどのうち3〜4種…各1枝　にんにく…½〜1片　オリーブオイル…大さじ3　塩・こしょう…各少々

❶ハーブはそれぞれ洗って茎を除き、粗く刻む。

❷①と残りの材料すべてをミキサーに入れ、全体がなめらかになるまで撹拌する。

★保存はフリージングパックに入れて冷凍するか、小まめに使いたいときはジャムの空きびんなどに入れて冷蔵する。

（サラダに）白いんげん豆とたこのサラダ

材料と作り方（4人分）

❶刺身用のゆでだこの足1本はひと口大に切る。

❷白いんげん豆（ゆでたもの。ゆで方は172ページ）2カップは水けをきって①と混ぜ、グリーンソース適量を加えてあえる。

★きゅうりや赤玉ねぎの塩もみを加えてもおいしい。

ゆで豆

1袋をまとめてゆでて冷凍しておく

とても小さな形の中に、からだに必要な栄養素がギュッと詰まっている豆。良質のたんぱく質をはじめ、ビタミン、ミネラル、食物繊維などを豊富に含む優秀な食材のひとつです。最近は健康にいいからと大注目ですが、私の豆好きは今に始まったことではなく、良質の乾燥豆を使えば、ゆでておくだけで前菜から主菜、副菜、デザートと実に幅広く使い回せる上に、その滋味深い自然のおいしさが大好きなのです。

「ゆでるのがめんどうで……」という方もいらっしゃいますが、思いきってやってみると意外に簡単なもの。まず、夕食の片づけのあと、ボウルに豆を入れて水に浸すだけ。その日はそれで終了です。

次の日も、家事の合間にできます。食事の準備をしているとなりで、豆がやわらかくなるまで静かに煮ればいいので、慣れれば簡単です。圧力鍋なら大きな白花豆も七分ほどでできあがります。

豆は新しいものほどおいしいので、なるべく小さめの袋で買うのがおすすめですが、それでも1袋に、３００グラムは入っています。それを全部ゆでると、一度にはとても食べきれないからと、使うたびにゆでている方もいると思います。

すると残した分の豆はどうなるでしょう。豆は置いておくほど味は落ちますし、虫もつきます。結局捨てるはめに……。私にも経験があります。

そこで買ってきた豆を新しいうちに1袋まとめて

ゆでてしまい、1回分ずつ小分けにして、ゆで汁といっしょに冷凍保存しておくようにしています。大豆、小豆《あずき》、黒豆、えんどう豆、白いんげん豆、赤いんげん豆（レッドキドニービーンズ）、ひよこ豆（ガルバンゾー）など、乾燥豆はいろいろな種類がありますが、ゆでておきさえすれば、思い立ったときにいつでも気軽に豆料理が作れます。

豆料理というと日本では甘く煮るというイメージが強いのですが、甘い豆はそれほどたくさん食べられないもの。ヨーロッパをはじめとする海外の国々では豆を肉や野菜といった食材と同様に、とてもよく使います。すると料理の幅が広がり、量もたくさんいただけますし、豆本来の自然の甘みも感じられるようになります。私は豆をたくさん食べる国々、たとえば、イタリアとか中近東から、甘く仕上げない豆料理をたくさん学びました。

おいしい豆の選び方――価格と味がほぼ一致

豆というのは新しければ新しいほどおいしいもの。すぐに外国製の豆を使おうとせずに、できるだけ国産のものを使うように心がけましょう。

イギリスではそれを「食べ物の旅」と表現。豆に限らず、「なるべく旅の量（フード・マイレージ）の少ない材料を選びましょう」と言われています。

輸入品の豆と国産の豆とを食べ比べると、日本の豆のおいしさに気づきます。白いんげんの大きいものに白花豆というのがあって、イタリアでもまったく同じ豆を売っていますが、国産のもののほうが断然おいしい。日本の豆でも、とくに大豆類は、本当に味がいいです。大豆の一種の黒大豆、つまり黒豆は毎年、丹波から取り寄せますが、そのやわらかさと香りや味わいは本当にすばらしいと思います。

豆というのは値段と味が一致しているものです。

少女時代、毎年暮れになると母といっしょにお正月用の買物に築地まで出かけていました。まだ、今のように物流が発達していなかった時代のこと。

そこで母は「豆こそ高くてもいいから、よいものを買わなくちゃだめよ」と言いつつ、同じ豆が2〜3種あれば、いちばん高い豆を買っていました。考えてみると、たとえそこで千円高くても、煮た豆を買うことを思えばどんなに安いことか。そんなわけで、「豆は本当においしいもの」と思い込んでいましたが、それが私の豆好きの原点なのかも。

その反面、「じゃこや煮干しは絶対食べてみておいしいものを！」と教えられました。買物に連れていってもらったおかげで、私は自然にいろいろなことを覚えていったのだと、懐かしく思い出します。

豆のゆで方——調理や目的に応じたゆで加減で

ほとんどの乾燥豆は、1晩水につけ、しっかり吸水させてからゆでます。例外的にひよこ豆や空豆のように厚みのある豆は、2日間ほどつけますが、水そのものが傷みやすいので冷蔵庫に入れておきます。よく吸水した豆は次のようにゆでます。

①　まず豆をボウルに入れ、たっぷりの水を注いで1晩おきます。水は豆が充分にかぶる量を注ぎます。

②　鍋に豆とつけ水を移します。水は豆がかぶるくらいたっぷり。あくが出る小豆やいんげん豆のような場合はつけ水を捨て、新しい水でゆでます。

③　煮立ったらあくを除き、豆が踊らない程度の弱めの火に直してコトコトとゆでます。大豆やひよこ豆などは、ゆでている途中で皮が浮いてくることがあるので、除きます。水が蒸発して豆の頭が出た場合は、かぶるまで水を足します。大豆はゆでているうちに水が泡立ってきます。

④　豆にもよりますが、約1時間ほどゆで、食べて

みてやわらかくなっていれば火を止めます。

⑤　冷めたら200グラムぐらいずつ小分けにし、ゆで汁ごとフリージングパックに入れて冷凍保存。袋に豆の名前と日付けを書き、1か月を目安に使い切ります。おいしく食べるなら、なるべく早めに。

　以上が基本のゆで方ですが、煮込みや炒めものに使うときはコリッと少しかために、サラダにはやわらかめに、煮豆やペーストのように豆らしさを直接楽しむときはちょうどよいやわらかさにと、使い方によってゆで加減を調節します。

　ただし、豆というのはゆで足りないと青臭さが残るので、青臭さがぬけて、なおかつ歯ざわりが残っていることがポイントです。

　また、乾燥豆は黒豆のようにゆでているうちにお腹の部分が切れたり、裂けたりすることがありますよね。もちろん、なるべく切れたりしないように静かにゆでるわけですが、それでも切れる場合があります。あまりガタガタと煮て中身が出てきたような場合はだめですが、ただ表面の皮が破れた程度のものでしたら、心配しなくて大丈夫。上質の黒豆なら、砂糖、しょうゆなどの調味料で味をつけて冷たくしておいておくと、なんと切れたところが締まるというか、ふさがってくるのです。

　お正月用にと味つけして煮含めた黒豆を多めに作って冷凍する場合は、まとめて冷凍すると石のようなかたまりになって解凍するのが大変です。

　食べる分だけ小さめのフリージングパックに小分けにして入れます。このときゆで豆と同様に、必ず煮汁も入れること。煮汁がかぶっている状態で冷凍すると、解凍したとき豆がパサパサになりません。

ゆで豆の活用法――前菜、おかずからデザートまで

乾燥豆はゆでてあれば、和食、洋食はもちろん、スパイスのきいたエスニック料理にもとてもよく合いますし、前菜やおつまみ、パスタやご飯物からおかず、デザートにいたるまで、幅広い料理に活用できて重宝します。

（1）良質の豆をゆでた場合は、まずゆで豆のオリーブオイルがけはいかがでしょう。イタリアではこれが最もシンプルでベーシックな食べ方です。

ゆでたての豆を器に盛り、オリーブオイルをたっぷりかけて塩をパラリとふるだけ。それでもう白ワインに合う素敵な前菜になります。どんな豆でもできますが、国産の白いんげん豆などは大粒で食べやすく、豆の風味が感じられて本当に美味。

イタリアではよくレンズ豆をゆで、そこにオリーブオイルと塩をかけていただきます。その食べ方がいちばんおいしいので、それ以上手をかけようとする人がいると、「そこで止めて！」と言ってしまうほど。材料がよければ、やりすぎないおいしさというのがあるのです。

また、かためにゆでた豆を炒めたり、カラッと揚げたりして、シンプルに赤唐辛子やカレー粉、ハーブ入りの塩をふるとおつまみにもなります。

（2）ゆで豆は洋風のサラダや、和風のあえ物の材料としても優秀です。ゆで豆を玉ねぎの薄切りなどとボウルに入れ、オリーブオイルとレモン汁（またはワインビネガー）、塩、こしょうで調味すればサラダのでき上がり。

これを基本にほかの野菜や、ときにゆでた魚介や肉類、ハーブなどを加えていけば、サラダのバリエーションは無限大です。これを和風ドレッシングであえれば和風サラダにもなりますが、私はおろしあ

えにするのが好き。ゆで豆と大根おろしをあえ、ポン酢じょうゆをかけるだけ。季節に応じて、木の芽や青じその葉、ゆずの皮などのせん切りを添えます。

（3）ゆで豆はパスタやご飯に混ぜてもおいしい。パスタの場合はショートパスタで。ここへゆでた豆、オリーブオイル、塩、ゆで汁少々を加え、さっとあえます。豆入りならパスタの量は控えめでOK。冷凍してあるソース類とあえれば、あっという間に味のバリエーションも楽しめます。

　ご飯の場合は白米でもいいのですが、ゆで豆には雑穀を混ぜた米とか玄米がよく合います。たとえば、ゆでた小豆と雑穀米を混ぜて炊けば、赤飯を炊かなくても、ヘルシーな小豆ご飯が楽しめます。

　炊きたてのあつあつ玄米に、ゆで豆、オリーブオイル、塩を加え、さっくり混ぜるだけのご飯もおいしく、豆を炊き込んだご飯とはまた違う味。ゆで豆は好みの豆でよく、「玄米ご飯とひよこ豆のオイルあえご飯」などは、ご飯として食べても焼いた肉や魚のつけ合わせにしてもヘルシーでおしゃれです。

（4）どんな豆でもそれぞれのおいしさが味わえるのが、ゆで豆のスープです。1種類の豆で作ってもいいですし、少しずつ残った豆を集めて3種の豆のスープなどにすることもあります。豆の形もゆでたままのこともあり、ランダムにつぶしたり、ミキサーで撹拌してポタージュ状にすることも。

　ほかの材料と混ぜるとバリエーションはどこまでも広がりますが、まずは基本の作り方を覚えておくと応用がしやすいと思います。

　まず、玉ねぎとにんにく（好みで）をオリーブオイルかバターで透き通るまで炒め、次にスープとゆで豆を加えて味がなじむまで煮ればでき上がり。

　これが基本の煮方で、ほかの野菜や肉を加えたり、生クリームを加えて白いスープにしたり、作りおきのソース類を加えて煮たりとアレンジは自在。

（5）ゆで豆料理の醍醐味は、やっぱり煮込みです。豆とベーコンのトマト煮込みにしたり、豆に魚介とか肉を加えて白ワインや赤ワイン煮込みにしたり、スパイスをきかせて豆のカレー煮込みにしたり……。

　トスカーナ地方では口の広いゆで豆用のフラスコに豆と水を入れ、しばらくしてから暖炉の上においておきます。次第に豆がフツフツと煮えてくる様子を見ながら、部屋にいる時間がいいのです。やがて豆がやわらかくなったら、タラタラッと皿に出し、オリーブオイルと塩をかければ夕食終了。この煮込みには必ずその地方でとれる豆を使います。私の家がある地方は豆の産地でもあって、レンズ豆、いんげん豆、ひよこ豆、その他日本にはない様々な豆が楽しめます。冬の暖炉の上のフラスコは、夏になると花びんになっていたりして、イタリアでは豆のある暮らしをとても楽しんでいる感じがします。

　一方、和風の豆の煮物と言えば、やっぱり大豆の甘辛煮などが懐かしくて心なごむ味わいです。

（6）缶詰の豆のように、味が今ひとつの豆は、炒めて使うと意外においしくなります。オリーブオイルで焼き目がつくくらい、カリカリに炒めるのがコツ。大豆などとてもおいしくなるので、鶏肉との炒め物などにすると、玄米ご飯によく合います。

（7）ゆで豆は揚げ物やペーストにしても豆の風味や味わいが生きてきます。ゆで大豆と根菜、桜えびを混ぜ、サクッとかき揚げにするのもおすすめ。

　また、ゆでた白いんげん豆やひよこ豆はフードプロセッサーにかけ、ペースト状にして冷凍しておくと、オリーブオイルと塩でそのままつけ合わせや主食がわりにできますし、スープやグラタンに使ったり、甘くして和菓子や洋菓子の材料に利用したりと、アイデア次第で幅広く使い回せます。

たびたび行くロンドンで中近東料理と出会い、新しい料理の世界を知ることになりましたが、豆料理も例外ではありません。豆はスパイスとよく合うのです。クミンの香りをきかせた「ひよこ豆とごまのペースト（フムス）photo p.135」とか、スパイシーなそら豆のペーストをミニハンバーグの形にして揚げる「ファラフェル」などを覚えて楽しんでいます。中近東料理に親しむうちに、自然にスパイスの使い方の幅が広がってきたのもうれしい収穫でした。

日本で中近東料理を作るからといって、必ずしも手に入りにくい外国産の乾燥そら豆を探す必要はありません。日本の豆は新鮮でおいしいので、生産者の見える国産の豆で作ってみましょう。

（8）日本で豆料理というと甘い煮豆を思い浮かべる方も多いと思いますが、私にとって市販の煮豆は甘すぎて、豆の風味やうまみが感じられません。

小豆、黒豆、いんげん豆、レンズ豆などがデザート向きの豆ですが、このゆで豆を甘く煮るのではなく、蜂蜜やメープルシロップに漬けておくだけで素敵なデザートになります。最近のお気に入りは、ゆで汁ごと器に入れた白花豆の上に氷砂糖をザラザラとふりかけ、そのまま1晩、冷蔵庫に入れておくというもの。煮ないので豆の風味を存分に楽しめる方法です。そのあとも豆を甘い液に浸しておくと、豆の味わいを残しつつ表面が甘くなります。私はこの薄甘く煮た豆が好き。黒豆などは豆だけでなく煮汁も好きなので、豆と汁をいっしょに口に入れたとき、ほどよい甘さになるように調節します。

（あえ物に）大豆のおろしあえ

材料（4人分）

ゆでた大豆…1½カップ　大根…15cm　ポン酢しょうゆ・ゆずの皮のせん切り（木の芽でも）…各適量

❶大根はおろしてざるに入れ、6～7分おいて水けをきる。

❷ボウルにゆで大豆と①の大根おろし、ポン酢しょうゆとゆずの皮を入れ、軽くあえて器に盛る。

（パスタに）えんどう豆のパスタ

材料（4人分）

ゆでたえんどう豆…２００g　ショートパスタ（ペンネなど）…３００g　塩…適量　オリーブオイル…大さじ２　パルミジャーノチーズ（おろす）…大さじ４

❶パスタは塩を加えた湯（湯1ℓに塩小さじ2の割合）でゆで、ざるにあける。ゆで汁大さじ2をとっておく。

❷ボウルにえんどう豆とゆで汁を入れて混ぜ、①のパスタ、オリーブオイル、粉チーズを入れて混ぜ合わせる。

★好みで、ゆでえんどう豆を少しつぶして混ぜたり、粉チーズを上からふりかけてもよい。

（ご飯物に）五穀入り小豆ご飯

材料（4人分）

ゆでた小豆…1カップ　白米…２½カップ（４５０ml）　五穀ミックス（市販品）…½カップ（90ml）

❶白米と五穀ミックスはとぎ、ざるにあげて30分ほどおく。

❷厚手の鍋に①を入れ、水3カップを注ぎ、ゆでた小豆を加えてふたをする。強火にかけ、沸騰したらごく弱火にして約15分炊く。

❸火を止めて5分ほど蒸らし、全体をさっくりと混ぜる。

★米を計るカップは、1カップが１８０ml（1合）なので注意。

（汁物に）白いんげん豆のスープ

材料（4人分）

ゆでた白いんげん豆…2カップ　玉ねぎ…½個　にんにく…1片　オリーブオイル…大さじ２　スープ…３½カップ　生クリーム…½カップ　塩…少々

❶玉ねぎとにんにくはみじん切りにする。

❷鍋に①とオリーブオイルを入れて香りがたつまで炒め、いんげん豆とスープを加えて、弱火で20～30分煮る。

❸最後に生クリーム（牛乳でも）を加え、塩で味を調える。

★さらに水溶きコーンスターチを加えて、とろみをつけても。

（煮込みに）ひよこ豆のカレー煮込み photo p.134

材料（4人分）

ゆでたひよこ豆…2カップ　豚ひき肉…１００ｇ　にんにく…2片　玉ねぎ…½個　オリーブオイル…大さじ2　カレー粉…大さじ2〜3　コリアンダー・クミン（シード状）…各大さじ1　シナモンスティック…1本　トマトソース…1カップ　赤唐辛子…1本　スープ・塩・こしょう・ヨーグルト…各適量　レモン…½個

❶にんにくと玉ねぎはそれぞれみじん切りにする。赤唐辛子は種を除いておく。

❷鍋にオリーブオイルと①のにんにくと玉ねぎ、コリアンダー、クミンとシナモンスティックを2つに折って入れ、香りが出るまで炒める。

❸②にひき肉を加えてカリッとするくらいまでよく炒め、カレー粉、ゆでたひよこ豆を加えて炒め合わせる。

❹スープをひたひたに注ぎ、トマトソースと赤唐辛子を加え、汁けがなくなるまで煮込む。

❺最後に味をみて塩、こしょうで調味し、器に盛る。ヨーグルトとレモンのくし形切りを添え、ヨーグルトをたっぷりかけ、レモンを絞りながらいただく。

（煮物に）大豆の甘辛煮

材料（4人分）

ゆでた大豆…2カップ　大豆のゆで汁…適量　砂糖…大さじ3　しょうゆ…大さじ1〜2

❶鍋に大豆とゆで汁を入れ、水をかぶるくらい注いで、火にかけ、煮立ったら砂糖を入れ、弱火で15〜20分煮る。

❷しょうゆを加え、煮汁が少し残る程度までさらに煮る。

（揚げ物に）大豆のサクッとかき揚げ

材料（4人分）

ゆでた大豆…1カップ　大豆のゆで汁または水…少々　ごぼうまたはにんじん…10㎝　桜えびまたはちりめんじゃこ…15g　小麦粉…½カップ　揚げ油…適量　塩・粉唐辛子…各適量

❶ごぼうは皮をこそげて大豆と同じくらいの大きさの角切りにし、5分ほど水にさらして水けをきる。

❷ボウルに大豆、①のごぼう、桜えびを合わせ、小麦粉を入れて混ぜ、大豆のゆで汁を加えて、素材どうしがねっとりとくっつく程度の状態にする。

❸揚げ油を中温（１７０度）に熱し、②をスプーンなどですくって落とし入れ、表面がかたまったら返してカリッと揚げる。器に盛り、塩と粉唐辛子を添える。

（前菜に）ひよこ豆とごまのペースト（フムス）

photo p.135

材料（4人分）

ゆでたひよこ豆…2カップ　ひよこ豆のゆで汁・練り白ごま…各大さじ1　塩…ひとつまみ　こしょう・クミンパウダー…各少々　オリーブオイル・クラッカー…各適量

❶フードプロセッサーにひよこ豆を入れて軽く撹拌する。

❷塩、こしょう、クミンパウダー、練り白ごま、オリーブオイル、ゆで汁を加えてさらに撹拌し、なめらかにする。

❸器に②のペーストを盛り、中央にくぼみを作ってオリーブオイルをたっぷりと注ぎ、クラッカーを添える。

❹オリーブオイルとなじませつつペーストの山をくずし、クラッカーにのせていただく。

（デザートに）いろいろ豆のメープルシロップ漬け

材料と作り方

❶ゆでた黒豆、いんげん豆、えんどう豆など、少しずつ残ったゆで豆を保存びんに入れ、メープルシロップをかぶる程度かける。あれば、コアントローなどのリキュールやシナモンスティックなども入れ、味がなじむまでおく。

❷いちご適量は縦4等分に切り、①とともに器に盛る。

★豆は1種類でもよく、メープルシロップのかわりに蜂蜜でも。

（煮物に）黒豆の薄甘煮

材料（4カップ分）

ゆで黒豆…乾燥豆で2カップ分　黒豆のゆで汁…1カップ　グラニュー糖…2〜3カップ（甘さの好みで）　しょうゆ…大さじ2〜3

❶黒豆は1晩水につけ、弱火で2〜3時間ゆでて、指でつまむと、つぶれる程度のゆで黒豆を使う。ゆで汁ごと冷凍した場合は、解凍して豆と汁を分けておく。

❷ゆで汁1カップを鍋に入れ、グラニュー糖を加えて煮立て、あくを除いてしょうゆを加え、火を止める。

❸②の煮汁がさめてから①のゆで黒豆を加え、弱火で20分ほど煮て火を止め、そのままさます。

★お正月用には暮れの早めから作って密封容器に煮汁ごと入れ、冷蔵または冷凍保存しておくと楽。

★黒豆の薄甘煮を利用したデザートも工夫次第でいろいろできる。キウイやマンゴーなどのフルーツを刻んで黒豆と合わせ、リキュールがけにしたり、黒豆と小角切りの寒天、いちごを合わせて黒蜜をかけ、みつ豆風にしたりして楽しんで。

だし汁

おいしい食事作りに直結するだし

だしがおいしければ、その家の食事はすべて上等と思えるほど、家のご飯の素となるだし汁。

私の育った家では、かつお節でも煮干しでもだしをとるときはたっぷりと気前よく使うのが母のやり方でしたから、私の味覚のベースはおそらく母につちかわれたもの。そして、それは私から娘へと確実に引き継がれているように思います。

素性の知れた材料でとった自家製のだし汁やスープなら安心して使えますし、なによりそのおいしさはインスタントのだしと比べようもありません。

そこで時間のあるときにまとめてとって、使いやすく小分けにして冷凍しておきましょう。そうすれば、鍋に移して火にかけるだけですぐに使えます。だしの冷凍など、本物の日本料理の店では絶対にしないでしょうが、家庭ならではのだしの保存法としてはおすすめです。

A　かつおだし

まず、あらゆる和食の基本になるかつおだし。本来なら、かつお節を削ってその削りたてを使ってだしをとるのが理想ですが、今の暮らしの中で家庭でそれを実践するのは大変なことなので、品質の確かな信頼できるところから新鮮なかつおの削り節を求めて使っています。

ただし、どんなにおいしい削り節を求めても、時間がたつにつれて、独特のよい香りもうまみもどんどん失われていきます。今日求めたものは、今日のうちにだしをとらないと、翌日はもったいないくらいに味が変わってしまうほど。ですから私は削り節の封を開けたら一度に全部だしをとって、そのとき使うもの以外は、すぐに冷凍保存してしまいます。

まとめてだしをとる時間のないときは、使う分だけにして、残りは削り節のままフリージングパックに詰め、脱気して（ストローなどをジッパーの間にはさんで空気を吸う）、冷凍してしまいます。どうしても香りはとびますが、うまみは残ります。めんつゆや豚汁用には充分おいしく使えます。

かつおだしには昆布を加えるとより深みのある味になり、吸い物をはじめ、煮物、蒸し物、あえ物、ご飯物などに幅広く使えます。

まず、水に昆布を入れて火にかけ、煮立つ直前に引き上げ、そこへかつお削り節を入れて間もなく火を止め、その上澄み液を漉す――これが一般的なかつおだし（一番だしともいう）のとり方です。

でも、昆布は煮立て方により特有の臭みが出るので、私は急ぐとき以外は、ゆっくりいい味を水に浸出させた「水だし」を使っています。

火にかけて昆布だしをとる場合は、小さな火でゆっくり煮出していきます。煮立てると、いわゆる昆布臭くなり、独特の風味がなくなるからです。

基本的にかつお節のように〝香り〟を出したいものには熱が必要ですが、昆布や煮干しのように〝味〟を出したいものは、水でおいしいだしがとれます。

上手なかつおだしのとり方――味をみてから漉す

昆布は鍋の中の水に1晩おくか、ガラスポットの水に昆布を入れて冷蔵庫に1晩おいて使います。昆布は煮立てないのが、おいしく失敗のない方法。

一方、削り節は火を止めたあと、鍋の底に沈むのを待ち、水の味がだしの味になっているのを確認してからしっかり絞ったさらしふきんで漉すこと。漉したふきんを絞ると、漉した透明の汁が濁るので、絞らないことが大切です。

　こうしてとっただしはあらゆる和食に使えますが、とくにだしのよさがよく分かる吸い物やだし汁かけご飯、茶わん蒸しなどには、おすすめです。

だしをとった削り節の活用法――酒肴やふりかけに

　漉したあとの削り節は、絞っていないのでうまみも栄養素も残っていますから、捨てないで。しょうゆ2分の1カップをまぶして天板に並べ、約120度のオーブンで約1時間加熱してカリカリに乾燥させるとちょっとした酒肴に。好みの大きさに砕いてふりかけに使っても。

かつおだし

材料（10カップ分）

昆布…20㎝　かつお削り節…100g　水…12カップ

❶大きめの鍋に分量の水と昆布を入れて1晩おく。昆布を取り出して鍋を火にかけ、煮立つ直前に削り節を入れる。加え終わったら火を止め、菜箸などで全体を湯に沈める。

❷そのまま5～10分おいて削り節が沈むのを待ち、味をみて水の味がだしの味になっているかどうかを確かめる。

❸ボウルにざるをかけ、ふきんを広げて②のだしを漉す。

（ご飯物に）だし汁かけご飯 photo p.136

材料（2人分）

炊きたてのご飯…茶碗2杯分　かつおだし…3カップ

塩…小さじ$\frac{2}{3}$　しょうゆ…小さじ$\frac{1}{3}$　木の芽…適量

❶木の芽は葉を包丁でたたくようにしてみじん切りにする。

❷かつおだしを温め、塩としょうゆで味を調える。

❸炊きたてのご飯を器に盛り、②の汁を張り、①を散らす。

★できればご飯は土鍋で炊き、少し焦がしておこげを作ると、かつおだしのいい香りと相まっていくらでもいただける。

★木の芽の代わりに、もみのり、ごま、わさびなどをのせても。

B　煮干しのだし

みそ汁にはかつおだしも使えますが、コクのある煮干しのだし汁がいちばん合うと思います。ほかにめん類のつゆ、油揚げ入りご飯や厚揚げ入りの煮物などにも、コクのある煮干しのだしが合います。

煮干しのだしをとるには、水1カップに対して煮干し7～8尾が私流。少し煮干しが多めです。煮干しを1晩水につけ、さらし布で漉します。これで、すっきりしていながら濃い旨みの水だしがとれます。ふつうは水に煮干しを入れて火にかけ4～5分煮ます。これは水だしと味が異なります。もちろん水だしの方が断然すっきり、しかもおいしいのです。

ポイントは、頭と腹の中の黒い部分を取り除くこと。残ると苦みのもとになります。煮干しはよく乾燥して銀青色に輝き、食べてみておいしいものを。

C　鶏のスープ

鶏のスープは和洋中の料理に使え、使い道が広いので、きらさないようにストックしています。以前は鶏ガラでとっていましたが、最近は鶏肉も料理に使えるので、1羽丸ごとのゆで鶏（62ページ）や蒸し鶏（64ページ）からとったスープか、手軽な手羽肉からとったスープなどを使っています。しっかりした旨味のある、きちんとしたスープに慣れると、インスタントのスープは食べられなくなります。

おいしいスープをとるコツは、良質の鶏を選ぶこと。健康に育った新鮮な鶏を用意します。骨つきの鶏肉を使うとコクのあるだしになり、鶏は臭いがつきやすいので、水で洗って使います。

鶏のスープは和洋中のめんやご飯物、鍋物に大活躍。和風の大根の煮込みなど、煮物にも適します。

《鶏のスープ》鶏スープ煮の大根ねぎみそ　レシピ p.195

《玄米ご飯》玄米ご飯と目玉焼き　レシピ p.199

圧力鍋の中に玄米用カムカム鍋をセットして
もっちりと炊き上げた玄米には、
玄米ファンならずとも虜になってしまう。
長く愛用しているカムカム鍋も、
現在は黒色にデザイン変更している。
p.196 参照

鍋にへらで玄米ご飯を
平らに押しつけるようにして
炒めるのがコツ。
おこげもおいしくて、
玄米が苦手という人も大喜び。
p.197 参照

《玄米ご飯》玄米チャーハン　レシピ p.199

《めんつゆ》めんつゆおろしうどん　レシピ p.203

めんつゆは
文字通りのめんのつゆ以外にも、
煮物、あえ物、丼物、
天つゆやポン酢しょうゆなどに
使い回せる。

p.202 参照

1. なすは1個分ずつを切ったはしから
180度くらいの高温の油で揚げると、
なすのあく抜きも不要でラク。
このように少量ずつ高温で揚げると
油の温度が下がらず、カラリと揚がる。

2. 揚げたてのいんげんとなすをバットに
平らに並べ、上からめんつゆを
まんべんなく回しかける。
途中で上下を返すと味が全体にいきわたる。
そのままでも、冷蔵庫で冷やしても美味。

《めんつゆ》揚げなすのめんつゆあえ レシピ p.204

《甘酢だれ》れんこんと大根の甘酢漬け　レシピp.207

《甘酢だれ》ゆで鶏と野菜の甘酢サラダ　レシピ p.207

甘酢だれは長期保存も可能。
少し大きめの
びんに作りおきしておくと、
広範囲に使えて重宝する。
p.205 参照

《中華だれ》揚げ豆腐の中華だれかけ　レシピ p.211

D　野菜のだし

肉や魚からに限らず、野菜からも甘みのあるおいしいだしがとれます。野菜のもつ自然な甘み、香り、味をじっくりと煮出して作ります。

イタリアの家庭でもレストランでも、当たりまえのように作られる野菜のだしは、香りがよく、あらゆる料理のベースになります。

ゆで汁がおいしい野菜ならＯＫ

このだしにふさわしい野菜は、ゆで汁がおいしい野菜ならなんでもかまいません。玉ねぎ、長ねぎ、にんじん、セロリ、トマトなどのほかに、キャベツ、白菜、さや豆類、かぶなどでもいいです。グリーンピースのさやからも香り高いスープがとれるのです。丸ごとの野菜ばかりでなく、キャベツや白菜の軸、大根のしっぽ、しいたけの軸など、くず野菜を入れてもＯＫ。無農薬栽培のものなら皮ごとゆでれば、そこにおいしさも栄養もたっぷり詰まっています。

おいしいだしのとり方――弱火で煮出して即冷凍

私は香りづけに生のタイムを入れますが、好みでしょうがを入れても、たっぷりのにんにくを入れてもかまいません。すべての材料を深鍋に入れ、ふたをせずに水とともに弱火で静かに煮出すのがコツ。これを漉してだしをとりますが、すぐ使う量以外は、冷めたら小分けにして、すぐに冷凍してしまいます。傷みやすく味が変わりやすいからです。

カレーでもシチューでも水で煮込むような料理に、水がわりにこのスープを使うとよりおいしく、たっぷりの栄養がとれます。野菜のだしをとるようになって、材料も余すところなく使いきれて一石三鳥です。

煮干しのだし

材料（約5カップ分）

煮干し…90g（約40尾）　水…5カップ

❶煮干しは頭と腹の中の黒い腹わたを指で除く。身が大きい場合は、身の部分を二つに裂いて、黒い腹わたを除く。

❷分量の水に①の煮干しを浸し、1晩おく。暑い季節には冷蔵庫に入れておくこと。

❸翌日、網じゃくしなどで煮干しを取り出し、汁だけを使う。よりていねいにするときは、ボウルにざるをかけ、さらしふきん（水でぬらしてかたく絞ったもの）を広げて、②を一気にあけて漉す。

★煮干しのだしはみそ汁やめん類のつゆに使うほか、わが家ではパンチのある煮物や炊き込みご飯に、だし汁とともに煮干しも入れたまま、煮たり炊いたりすることも多い。このように煮干しも食べるときは、①で中骨も取り除いておく。

★開封した煮干しは、必ず冷蔵庫に保存すること。

鶏のスープ

材料（約10カップ分）

鶏手羽肉（手羽先や手羽元など）…1kg　水…11カップ

長ねぎ…1/2本　しょうがの薄切り…1片分

❶手羽肉はよく洗って、深鍋に入れ、分量の水と長ねぎのぶつ切りとしょうがを加え、火にかける。

❷沸騰してきたら火を弱め、あくを取りながら30〜40分ほど静かにゆで、火を止めてそのままさます。

❸ボウルにざるをセットして②を漉し、汁はスープに、ゆで鶏は料理に使う。

（揚げ物に）鶏手羽肉のから揚げ

材料と作り方

❶ゆでてだしをとった手羽先や手羽元に、こしょう、しょうゆ適量をまぶしてしばらくおく。

❷下味がついたら汁けをふき、高温（190度）の揚げ油でカリッときつね色になるまで揚げ、好みで粉山椒を。

★だしをとった後の手羽先や手羽元は、しょうゆとにんにくのすりおろしをもみ込み、オーブンやフライパンで焼いても美味。ビールのおつまみや酒の肴にぴったり。

(煮物に) 鶏スープ煮の大根ねぎみそ photo p.185

材料(4人分)

大根…$\frac{1}{3}$本　厚揚げ…1枚　鶏のスープ…3カップ　酒…大さじ2　塩…少々　長ねぎ…1本　みそ(甘口)…$\frac{1}{2}$カップ　米のとぎ汁…適量

❶大根は2㎝厚さの輪切りにして皮をむき、たっぷりの米のとぎ汁(水に米ひとつかみ加えたものでも)で下ゆでし、水で洗う。
❷厚揚げは熱湯をくぐらせて油抜きし、1枚を8つに切る。
❸鍋に鶏スープと酒、塩を入れて薄味に調え、①の大根と②の厚揚げを加え、落としぶたをして大根がやわらかくなるまで弱めの火で30分くらい静かに煮る。
❹長ねぎは小口切りにしてみそと混ぜ、ねぎみそを作る。
❺器にスープとともに③を盛り、上にねぎみそを飾る。

★141ページでご紹介した「シンプルおでん」のアレンジ料理。かつおだしを鶏のスープに変えて煮てみると、また別のおいしさが楽しめる。

野菜のだし

材料(約8カップ分)

玉ねぎ…1個　長ねぎ…1本　にんじん…1本　セロリ(葉も)…1本　トマト…2個　くず野菜…適量　タイム…5枝　イタリアンパセリ…ひとつかみ　ローリエ…2~3枚　にんにく…2片　水…かぶるくらい

❶野菜はすべてざく切りにし、にんにくは押しつぶす。
❷深鍋にすべての材料を入れて火にかけ、沸騰したら弱火にして、そのまま1時間ほど静かにゆでる。
❸ボウルにざるをセットし、かたく絞ったさらしふきんを広げ、②をあけて漉す。漉したスープはさらに半量近くまで煮詰めると、より濃い野菜のだしができる。

★漉して残った野菜はローリエやタイムを除いてミキサーにかけ、野菜のだし、牛乳や生クリームで適度にのばせばポタージュができ、本当に無駄なく使える。

主食類

いつでもすぐにご飯が食べられる安心感

　さまざまなおかずの作りおきを紹介してきましたが、どうしても欠かせないのが主食類。主食が上手に保存してあれば、どんなに助かることか。

　とても疲れて帰ってきても、とにかくご飯とだし汁が冷凍してあれば安心。両方を解凍しつつ小鍋で煮立て、卵でとじて青ねぎを散らせば卵雑炊のでき上がり。10分程度でできる上、きちんととっただしのおいしさで、心も体もほっとするような食事になります。

　といった具合に、ご飯はもちろん、パン、めんといった主食類の冷凍がしてあれば、いつでも食事ができるという安心感が生まれます。

A　ご飯・パン

　わが家では白飯は、蓄熱性が高い伊賀焼きのご飯用土鍋（92ページの写真・長谷製陶）を使って炊くことが多いです。この土鍋はかまど炊きご飯のおいしさを、ガスコンロで失敗なく再現でき、パチパチという音とともにできる香ばしいおこげも魅力。

　また、かめばかむほど味わい深い玄米ご飯も大好き。ふだんは玄米ご飯がほとんどです。圧力鍋の中に玄米用カムカム鍋（１８６ページの写真・リマ東北沢店）を入れて炊くと遠赤外線効果で適度にもっちりと炊けます。この玄米に、半熟のフライドエッグをのせていただく幸せ！

白飯も玄米ご飯も上手に冷凍すれば、炊きたてのふっくらご飯が再現できます。

ご飯のおいしい冷凍法――押さえずにふっくらと

白飯や玄米ご飯は温かいうちに冷凍にする分を取り分けます。30センチ四方程度のラップを広げ、1膳分のご飯をふわっとのせて軽く包みます。これが人肌程度にさめたらフリージングパックに入れて密封し、冷凍庫に入れます。袋にご飯をぎゅうぎゅう詰めたり、平らにのばすというやり方は禁物です。一度ご飯粒をつぶしてしまうと、あとで加熱しても決してふっくらした食感が戻らないからです。

冷凍ご飯の解凍はレンジ加熱か蒸し器で蒸します。私は、ご飯を炊く土鍋と同じ伊賀焼きの専用陶器（長谷製陶）に入れてレンジ加熱しています。この器は、レンジ加熱中に余分な水分が熱蒸気化されるので、最初のふっくら感が戻ります。

白飯や玄米で作るチャーハンも冷凍向き。とくに玄米ご飯はチャーハンにすると、玄米が苦手という人にも喜ばれます。photo p.187 緑の野菜は冷凍するときは入れず、解凍して温めるときに入れます。

チャーハンは冷凍しても、レンジ加熱してもおいしくいただけます。ご飯を多めに炊いたときにたくさん作り、1人分ずつご飯と同様にして冷凍。時たま来る娘たちに「冷凍チャーハンがあるけど持って帰る？」と言うと、大喜びで持ち帰ります。

パンの冷凍法――買ってきたらなるべく早く冷凍

わが家の朝食はパン。だから食パンのストックも欠かせません。毎日食べる最小の単位ずつラップに包み、フリージングパックに。美味しいうちに冷凍するのが大切。油脂の入っていないリーンなパンは冷凍には向きません。

B　めん・パスタ

　生めんや手打ちパスタはそのままでも、ゆでて冷凍してもOKです。とくに手打ちパスタやニョッキなどは、冷凍しておくことができますから、一度にたくさん作って、何回か楽しむこともできます。

　イタリアで、山の中の小さなリストランテに出かけたとき、びっくりするような光景に出会いました。満席のときは、200席がいっぱいになる人気のリストランテです。

　なんとそれは、手打ちパスタもきのこソースなども1人分ずつ冷凍している姿でした。そこのマンマのパスタはすべて手打ちと聞いていたので、打ちたてを出しているとばかり思っていたのです。けれども注文したらすぐ出てきて、本当においしかったので、「冷凍でいいのね。それがプロの作り方！」と思ったものです。

パスタ・ニョッキの冷凍法——これはおすすめ！

　おすすめは手打ちパスタやニョッキの冷凍。2食分くらいを多めに作ってそのまま冷凍しておけば、2〜3分程度でゆで上がります。ニョッキは作ってみると意外に簡単ですし、冷凍グリーンソースなどがあれば、10分ほどで食卓に出せます。

　ここでは「じゃがいものニョッキ」の作り方をご紹介しますが、このじゃがいもをかぼちゃに替えてみたり、形を変化させて作ってもいいのです。

　たとえばニョッキの生地をめん棒で6〜7ミリ厚さに伸ばし、それを2〜3センチ角に切り分け、ひとつずつ中央部分を指で押してへこませる——こんな作り方でもOKです。イマジネーションを広げれば、料理はとてもおもしろい作業です。

（冷凍玄米ご飯で）玄米ご飯と目玉焼き photo p.186

材料と作り方（1人分）

❶蒸すかレンジ解凍した温かい玄米ご飯1人分を器に盛る。
❷フライパンを熱し、オリーブオイルを入れ、卵を割り入れ、白身をカリッと焼き上げる。
❸①のご飯に②の目玉焼きをのせ、粗びきこしょうを挽きかけ、しょうゆ少々をふり、混ぜながらいただく。

（冷凍玄米ご飯で）玄米チャーハン photo p.187

材料（2人分）

温かい玄米ご飯…2人分　ベーコン…50g　にんにく…1片　しょうゆ…小さじ2　オリーブオイル…大さじ2　長ねぎ…½本　クレソン…適量

❶にんにくはみじん切り、ベーコンと長ねぎは小角切りにし、クレソンは茎の太い部分を除いて刻む。
❷中華鍋を熱し、オイル、にんにく、ベーコンを入れてよく炒め、にんにくの香りがたったらご飯を入れる。
❸鍋肌からしょうゆを回し入れ、へらで切るように混ぜ、パラッとしたら鍋肌に押しつけ、香ばしい焼き色をつける。
❹火を止めてねぎとクレソンを入れ、ひと混ぜする。
★炊きたての玄米ご飯で作り、クレソンを除いて冷凍も可。

じゃがいものニョッキ

材料（4人分）

じゃがいも…300g　小麦粉（強力粉）…⅔カップ　卵…1個　塩…適量

❶じゃがいもは皮つきのままやわらかくなるまで水からゆで（蒸してもよい）、皮をむいて熱いうちにつぶす。
❷ボウルに強力粉をふるい入れ、卵と①のじゃがいも、塩を加えて手でこね、全体をひとまとめにする。
❸強力粉（分量外）をふった台に取り出して3等分にし、それぞれを直径1㎝の棒状に伸ばす。
❹長さ2㎝ずつに切り、平たく丸めてまん中をひとつずつ指で押し、ニョッキを形作る（冷凍はここでする）。
❺塩を入れたたっぷりの湯でニョッキをゆで、浮き上がってきてから、1分ほどゆでてざるにあけ、水けをきる。
❻すぐにソースとからめる。

★このニョッキには、ジェノヴァ風ペーストやグリーンソースなど、グリーン系のソース（169ページ）がよく合う。
★冷凍するときは、ニョッキをステンレスバットに並べて冷凍室へ入れ、凍ってからフリージングパックに入れ冷凍保存。これをゆでるときは、凍ったままたっぷりの湯で。

第5章 作りおきのたれとドレッシング

なん種類もの調味料を混ぜ入れてでき上がるたれやドレッシングを前もって作り、常備しておけば、忙しいときに助けられることが多いもの。

ところが、めんつゆやポン酢、サラダのドレッシングなど、よく使うものほど既製品に頼りがち。

市販の品は手軽で便利ですが、その一方長くもつように調整されていますから、原料や保存料などの点で少しばかり心配。味も好みのものとは程遠いものばかり。

そこで、これだけは手作りしておくと、安全で便利、なによりおいしいといったわが家の定番のたれとドレッシングをご紹介しましょう。

ただ、作りすぎは禁物。あれもこれもと作りすぎると、早く使わなくてはとせかされているようでかえって不自由なもの。ですから、家族の人数や食事の頻度、味の好みなど、各家庭のリズムやサイズに合わせて、気分よく使いきれる量と味をストックしてください。

なん回か作って使っているうちに、めんつゆなら「このガラスの空きびんにいっぱい」とか、肉みそなら「このジャムの空きびんがぴったり！」などと、1回に作る分量や種類が自然と決まってくると思います。

めんつゆとポン酢しょうゆ——だしをとったときに即作る

私はだしをとるときに、めんつゆとポン酢しょうゆもいっしょに作ってしまいます。

両方ともかつおだし（昆布＋かつお削り節か、かつお削り節のみのだし汁）がベースになるので、自家製のだし汁を使うとおいしさは抜群。またどちらもだしが新鮮なうちに作ります。

A　めんつゆ

めんつゆの作りおきがあれば、うどんやそばのつゆはもちろん、天つゆや煮物、あえ物など和食の味つけが難なくできてしまい、とても重宝します。

調味料の割合は、だし汁、しょうゆ、みりんの割合が4：1強：1弱。最近はより甘さ控えめの味が好きになり、みりん1のうちの3分の2をみりん、3分の1を酒にしたりもします。もし、めんつゆが多くできすぎたときは、冷凍しておくと安心です。

おいしく仕上げるコツは、最初にみりん（または酒とみりん）を煮立てて、よくアルコール分をとばすこと。するとうまみが際立ちます。煮きりみりんや煮きり酒は作りおけます。

めんのつけつゆや天つゆ、肉じゃがや筑前煮といった肉と野菜の煮物、野菜のあえ物や揚げ浸し、卵とじなどには、基本の濃さのまま使えます。

また、めんのかけつゆにはだし汁を足して薄めたり、こっくりした煮魚にはしょうゆを少し補って濃くしたりと調整して幅広く使い回します。

B　ポン酢しょうゆ

ポン酢しょうゆは柚子、かぼす、すだち、夏みかんなどの柑橘類を使って作ると、市販のものを使う気にならなくなるほどおいしく仕上がります。なんといっても香りが段違い。

柑橘類は好みもありますが、旬のものを使うのがいちばん。鍋物の季節には柚子、秋の味覚のきのこやさんまがおいしくなる頃にはかぼすやすだち、本当に自然のめぐり合わせはよくできています。

ポン酢しょうゆの調味料の比率は、だし汁、柑橘類の絞り汁、しょうゆの割合が、2：2：1。味のついていないものにかけるときはこれでＯＫですが、どの材料も同量の割合で作っておいて、味のついているものにかけるときはだし汁で薄めたり、最後に絞り汁をかけて調整してもいいのです。

めんつゆ　photo p.188

材料（作りやすい分量）

だし汁…1カップ　しょうゆ…¼カップ強　みりん…¼カップ弱

❶鍋にみりんを入れてしばらく沸騰させ、アルコール分をとばす。

❷しょうゆを加えて煮立たせ、だし汁を加えて再びひと煮立ちさせて火を止める。さめてからびんに移し、冷蔵庫で保存する。

★みりんの量を減らして酒も加えるときは、①でみりんといっしょにアルコール分をとばす。

（めん類に）めんつゆおろしうどん　photo p.188

材料と作り方（2人分）

❶うどん2人分は袋の表示通りにゆで、冷水で洗い、ざるにあげる。長ねぎ½本は小口切りにする。

❷大根5㎝（200g）は皮をむいておろし、ざるに入れて5〜6分おき、自然に水けをきる。

❸器にゆでうどんを盛り、大根おろしとねぎをのせ、粉山椒少々をふる。上からめんつゆ適量を回しかける。

（揚げ浸しに）揚げなすのめんつゆあえ

photo p.189

材料（4人分）
なす…4個　さやいんげん…200g　青じそ…10枚
揚げ油…適量　めんつゆ…適量

❶さやいんげんは筋を除いて、長ければ半分に切る。なすはヘタを除き、縦半分に切り、それぞれを縦3つ割りにする。青じそはせん切りにして水に放し、水けをきる。
❷揚げ油を高温（190度）に熱し、さやいんげんを入れてときどき混ぜながら色よく揚げ、網にのせて油をきる。このとき一度に全部入れず、2〜3回に分けて揚げる。なすも1個ずつ切ったそばから高温の油に入れ、ときどき混ぜながら、少しきつね色になるまで揚げて油をきる。
❸熱いうちに②のさやいんげんとなすをバットに平らに並べ、上からめんつゆをかける。途中、上下を返して全体になじませ、①の青しそを散らす。

★野菜は少量ずつ高温で揚げると油の温度が下がらず、カラリと揚がる。なすは切ったそばから揚げるとあく抜きしなくても大丈夫。
★この料理は温かくても、冷蔵庫で冷やしてもおいしい。

ポン酢しょうゆ

材料（作りやすい分量）
だし汁…½カップ　柚子またはかぼすの絞り汁…½カップ　しょうゆ…¼カップ

❶柚子またはかぼすは半分に切り、レモン絞り器などを使って果汁を絞り、種は取り除く。
❷だし汁としょうゆ、①の絞り汁を混ぜ合わせ、びんに入れて冷蔵庫で保存する。

★柑橘類はほかにすだちや夏みかんなどを使っても。

（あえ物に）鶏肉と大根のポン酢あえ

材料（2人分）
鶏胸肉…2枚　大根…小½本（400g）　塩・酒…各少々　ポン酢しょうゆ…½カップ　柑橘類の皮…少々

❶鶏肉は塩をまぶして耐熱皿にのせ、酒をふる。蒸気の上がった蒸し器で10〜15分蒸し、さめたら細く裂く。
❷大根はせん切りにし、塩をふってもみ、水けをよく絞る。
❸ボウルに①と②を入れ、ポン酢しょうゆを加えてあえる。
❹器に盛り、あれば柑橘類の皮のすりおろしをふる。

甘酢だれ

メープルシロップを使っても

53ページで甘酢だれに野菜をつけて和風マリネにするお話をしましたが、甘酢だれを作りおきしておけば、和風ばかりでなく、中華風やエスニック風にも利用できる便利な万能甘酢になります。photo p.191

和風に使う場合は、漬物のようにつまめる野菜の甘酢漬けや甘酢サラダをはじめ、手軽にすしご飯が楽しめるすし酢としても使えます。また、いかとセロリの中華炒めなど、中華風炒め物の仕上げの味つけや、にんにく、ねぎ、唐辛子などの薬味を加えれば、エスニック料理のたれにも活用できます。

甘酢作りには、ツンと鼻をつくような酢のきつさのないマイルドな米酢を使ってください。私は京都の「千鳥酢」（村山造酢）を使っていますが、こうした酸味のやわらかな酢なら、火にかけなくても味がまろやかになじみます。

酢と砂糖の割合は、3対1が目安ですが、好みに応じて砂糖の量は加減します。あとはこれに塩を加えて味を締めます。

43ページのみそ漬けの項でもお話ししたように、私は近ごろ、料理の甘みにメープルシロップを使っています。甘酢作りにも、次の3つのメリットがあってぴったりです。

（1）おいしさ…甘みがやわらかく、うまみがあって美味。黒砂糖や蜂蜜も栄養と風味がありますが、黒砂糖のえぐみや蜂蜜のくせが気になるときがあります。その点、メープルシロップはコクがあるけれど、とても上品な甘みで気に入っています。

（2）味の決めやすさ…砂糖は酢に溶けるまで味が分かりにくく、つい砂糖を入れすぎると、それを薄めるためにまた酢を加えたりして増えてしまいます。メープルシロップならすぐ酢に溶けるので、好きな甘さでの調節がしやすいのです。

（3）ヘルシーさ…サトウカエデ（メープル）の樹液を煮詰めた添加物なしの甘味料ですから、体によくて安全です。また、砂糖に比べ血糖値が上がりにくく、カルシウム、カリウム、亜鉛、鉄分、マグネシウムなど、ミネラルの栄養価が高いのに、カロリーは低いのです。

　甘酢を作るのに砂糖ではなくメープルシロップを使う場合は、メープルシロップは米酢の半量が適量です。いずれにしても酢が加わる甘酢だれは、長期保存も可能です。

　ところで、ホットケーキやフレンチトーストに欠かせないメープルシロップは幅広く甘味料として使えますが、樹液を絞る時期によって淡い色から濃い色のものまで4種類に分けられています。

　採取時期により色や味が異なり、春の早い時期に採取された①と②は主にそのままいただくのに使います。③はみそや酢に混ぜて使うのにおすすめですし、加熱料理には③か④を使います。

①エキストラ・ライト＝3月初めのもっとも早い時期のもの。一番色が薄く、さっぱりした甘みと香り。

②ライト＝シーズンの最初の頃に収穫された、上品な甘みとやわらかい香りが特徴の樹液。

③ミディアム＝シーズンの半ばに収穫された樹液。価格も手頃で、風味的にも一般向けのもの。

④アンバー＝シーズン後半の深い色とコクの樹液。

甘酢だれ

材料（作りやすい分量）

米酢…1カップ　砂糖…1/3カップ（あるいはエキストラ・ライトまたはライトのメープルシロップ…1カップ強）

塩…小さじ1 1/2

❶ふたつきのびんに材料すべてを入れ、ふたをして上下を返しながらシェイクして、全体をよく混ぜ合わせる。

（浅漬け風に）れんこんと大根の甘酢漬け

photo p.190

材料（作りやすい分量）

れんこん…1節（250g）　片栗粉…少々　大根…1/4本　甘酢…2/3〜1カップ　酢…少々

❶れんこんは皮をむいてごく薄く切り、片栗粉を溶いた水に10分つけて、あく抜きをする。大根は皮をむき、ごく薄い輪切りにする。大きい場合は半月切りにする。

❷よく洗ったれんこんと大根をそれぞれ熱湯で透き通るぐらいにさっとゆで、水けをきって1時間以上甘酢につける。

（サラダに）ゆで鶏と野菜の甘酢サラダ

photo p.191

材料（4人分）

ゆで鶏（62ページ）…鶏もも肉2枚分　塩・粗びきこしょう…各少々　しょうが（軽い辛みのもの）…10g　にんじん…1/4本　甘酢…2/3カップ

❶しょうがとにんじんは皮をむいてせん切りにする。

❷62ページの要領で作ったゆで鶏の身を裂いてバットに並べる。塩、こしょうをふり、甘酢を回しかけて混ぜる。①の野菜も加えて混ぜ、器に盛る。

★しょうがは新しょうがや近江しょうがなど、辛すぎないものを使う。

（炒め物に）いかとセロリの中華炒め

材料（2人分）

刺身用いか…150g　セロリ…1本　しょうが…1片　赤唐辛子…1本　甘酢…1/2カップ　鶏のスープ…1カップ　片栗粉…小さじ2　酒・塩・ごま油…適量

❶セロリは筋を除いて短冊切り、しょうがと赤唐辛子はせん切りに。刺身用いかは薄いそぎ切りにし、酒をふる。

❷中華鍋にごま油を熱し、①を加えて強火で軽く炒め、火を弱めて甘酢と鶏のスープを入れ、塩で味を調える。

❸片栗粉を倍量の水で溶いて加え、煮立ったら火を止める。

玉ねぎドレッシングと肉みそ
――わが家の定番中の定番

娘たちが子どものころから、いつも当たり前のようにわが家の食卓に登場していたのが玉ねぎドレッシングと肉みそ。今はスタッフ用ご飯のために作りおいているのですが、「こんなに便利なもの、作らない手はない」とみんなが思っているようです。各自が家庭で作り続けているようで、うれしく思います。

A　玉ねぎドレッシング

玉ねぎの甘みと酢のさわやかさが特徴のヘルシードレッシングです。サラダのドレッシングとしてはもちろん、肉料理や魚料理のソースとしてもよく使います。たっぷりの玉ねぎがトロッとして一日たってからが美味です。残ったときはマリネ液にしても便利。どの野菜にも合うので、2～3種類の野菜を組み合わせて玉ねぎドレッシングでマリネしてもOKです。

肉料理のソースとしての使い方は、たとえば粗く刻んだキャベツなどの野菜を、ハンバーグやミートローフにたっぷり添え（下に敷く場合も）、上から玉ねぎドレッシングをふりかけます。すると、まるで大根おろしののった和風バーグや和風ミートローフのように、さっぱりといただけます。その上、いっしょに食べる野菜のおいしいこと。

魚料理のソースにする場合は、ソテーした魚にかけたり、酢じめにしたあじを、粒マスタードを混ぜた玉ねぎドレッシングであえて仕上げたりします。
軽い塩味ですが、使うときにしょうゆを足すと、これがまたおいしいのです。

B　肉みそ

これもわが家の定番中の定番で、めんにもご飯にも合うため、毎年夏になると使用頻度が高くなります。レタスにご飯と肉みそをのせて包んだレタスご飯にしてもみんな大好き。

とにかくこの肉みそのいい点は、野菜がたっぷりおいしくいただけること。基本の肉みそにはしょうが、にんにく、長ねぎなどが入っていますが、ここに季節に応じて子どもたちに食べさせたい野菜をなんでも小さく刻んで入れています。

夏なら、なす、ピーマン、セロリなどのみじん切りを、秋にはいろいろのきのこ類をフードプロセッサーにかけて（きのこ類はみじん切りにするのが大変なので）。そうすると、よりおいしくなります。

みそは暑い夏には辛口のみそが合い、寒い冬には甘口のみそが合いますが、粒入りでも粒のないみそでも各家庭の好きなみそを使えばいいと思います。

肉みその中にも野菜がふんだんに入っていますがこれをまたもやし、キャベツ、にんじん、きゅうり、大根などにからめてめんの上にのせてもおいしいもの。大人にはここに、にんにくや赤唐辛子を酢の中に1週間ほど漬けて作る「にんにく唐辛子酢」をちょっとふりかけていただくのがおすすめです。

こういうものを食べていると、夏バテなどはしないみたいです。

家族の多いご家庭では、作りおきしておくととにかく重宝するたれです。

玉ねぎドレッシング

材料（作りやすい分量）
玉ねぎ…小1個　酢…⅔カップ　オリーブオイルとサラダ油（合わせて）…⅔カップ　にんにく（好みで）…2片
塩…小さじ1½　粒黒こしょう…小さじ1

❶玉ねぎを粗く刻んで、ほかの材料とともに保存びんに入れ、ハンドミキサー（バーミックスなど）で全体が白っぽく、とろりとなるまで撹拌。ふたをして冷蔵保存する。

★ハンドミキサーの代わりにミキサーを使ってもよい。
★絞りたてのエキストラヴァージン・オリーブオイルを使用すると、辛みや苦味を感じることがあるので、サラダオイルと半々にするか、サラダオイルを多めにして使用するとよい。

（マリネに）パプリカのマリネ

材料（作りやすい分量）
パプリカ（赤、黄）…各1個　きゅうり…1本　セロリ…1本　玉ねぎドレッシング…¼カップ

❶パプリカは縦にそぎ切りにしてヘタと種を除き、きゅうりは7〜8㎜厚さの斜め切りにする。セロリは筋を除いて、7〜8㎜厚さの斜め切りにする。
❷①を玉ねぎドレッシングであえ、冷蔵庫にしばらくおく。

肉みそ

材料（作りやすい分量）
豚ひき肉…250g　長ねぎのみじん切り…½本分　しょうがとにんにく（好みで）のみじん切り…各1片分　ごま油…大さじ3　みそ…½カップ　みりん・酒…各大さじ2〜3　しょうゆ…大さじ2

❶鍋にごま油を熱し、ねぎとしょうが、にんにくを炒め、香りがたったら豚ひき肉を加えてさらによく炒める。
❷ひき肉がポロポロになったら、みそ、みりん、酒を入れて少し煮てしょうゆを加え、とろっとするまで加熱する。
❸さめてからびんに移し、冷蔵保存する。

（めん類に）肉みそうどん

材料（2人分）
生うどん…2玉　もやし…⅓袋　きゅうり…½本　長ねぎ…⅓本　肉みそ…大さじ5

❶もやしはさっとゆで、きゅうりとねぎはせん切りにする。
❷うどんは袋の表示通りにゆで、冷水で洗ってざるにとる。
❸器にうどんを盛って肉みそをかけ、①の野菜をのせる。

★大人用には、にんにく唐辛子酢（209ページ）適量を加えるとさらにおいしい。

中華だれ

いろいろに変化させて使えるたれ

中華だれは次のような基本的な調味料や香辛料があれば、その組み合わせ方で変化は無限大です。

Ⓐ調味料…自然塩、みそ、しょうゆ、砂糖、酢、清酒か中国酒、ごま油、XO醬、豆豉、かき油など。

Ⓑ香辛料…赤唐辛子系（赤唐辛子粉、粗びき赤唐辛子など）、豆板醬、花椒粉か粉山椒、ごま系など。

Ⓒ香辛野菜…にんにく、しょうが、唐辛子系など。

Ⓐ～Ⓒのような材料をそのときどきの好みに合わせて即興で作ります。塩＋唐辛子粉＋花椒粉は野菜の素揚げに、酢＋しょうゆ＋にんにく＋豆板醬＋ごま油＋ねぎ＋香菜＋しょうがは殻つきエビの蒸しものに、などと。お料理を作りながらなので作りおきのたれとは言えないかもしれませんが、「あれかな？」、「これが合うかしら？」と混ぜて味見しつつ……。料理にはそんなふうにして作る楽しみがあってもいいのではないかしら。

（揚げ物に） 揚げ豆腐の中華だれかけ

photo p.192

材料（作りやすい分量）

木綿豆腐…1丁　揚げ油…適量　中華だれ〔にんにく・しょうが…各1片　長ねぎ…$\frac{1}{2}$本　青唐辛子…4本　しょうゆ…大さじ1$\frac{1}{2}$　ごま油…大さじ1〕

❶豆腐はふきんに包んで重しをし、半分くらいの厚さになるまで（3～4時間）水きりをし、4つ切りにする。

❷香辛野菜はみじん切りにし、中華だれの材料を合わせる。

❸揚げ鍋に少ない油（2～3㎝深さ）を高温（180度）に熱し、豆腐の全面がきつね色になるまで揚げる。

❹豆腐の凹んだ面を上にして盛り、②のたれをかける。

★レモンを絞りかけても。

作りおき料理利用でゆとりを生む「1週間の夕飯のおかず」

今までごく簡単なものから少し手間のかかるものまで、多くの作りおき料理をご紹介してきました。きっと思わぬゆとりが生まれると思います。けれども、あれもこれもと種類や量を作りすぎると、使いきるのに頭を悩ませ、かえってストレスになりかねません。そこで1週間単位で大まかな献立を立てて、それをもとに、時間のあるときにおもな材料をまとめて買って、順次作りおきしていくとムダがなく、あとも楽です。そのときには、次の点に注意すると良いようです。

（1）1週間のうち作りおき料理を作るのは、休日やなるべく疲れの出ていない週前半に。週後半はそれを用いた比較的楽な献立に。
（2）量は、作った日の1回分にプラス1～2回分を使い回せる程度に。
（3）作りおきの姿形を変えた使い方で、よりおいしい料理を目指して。
（4）買物に出たものの、帰宅後、冷蔵庫に同じものが！　そんな失敗をしないように、出かける前には、冷蔵庫の在庫チェックを忘れずに。

（５）おもな材料については休日にまとめ買いしますが、生鮮食品は週半ばで買い足しましょう。私の場合、葉物の野菜、新鮮な魚介などが中心ですが、夏ならきゅうりやなすも。牛乳を買い足すことも。

（６）冷蔵庫や冷凍庫を整理しておくために、保存容器、フリージングパックなどは、「指定席」を決め、品名や作った日づけなどの書き込みも忘れずに。

（７）そのほか、ちょっとした心がけ

・もどし時間のかかる昆布は、前日から水とともに大きな透明ポットに入れて冷蔵庫へ。同様に、干ししいたけもジャムの空きびんなどに水といっしょに入れて冷蔵。必要なときにすぐに使えます。

・バターは１ポンド（約４５０グラム）単位で買うので、まず４つに切って３つはラップでくるみ、さらにフリージングパックに入れ冷凍庫（袋に臭いがついたら取り替える）、１つを冷蔵庫へ。バターは冷蔵庫の臭いを吸いやすいので、これで風味が保てます。

・生わさびが残ったら、まとめてすりおろし、１回分ずつの小分けにして冷凍。

以上のような点を考慮した上で、作りおき料理利用のわが家の「１週間の夕飯のおかず」をご紹介しましょう。

《　》内は作りおき分　■は作りおき利用料理　1日目 日曜日の献立

□ 野菜入りミートローフ

キャベツのせん切りたっぷり添え

《玉ねぎドレッシング》がけ p.210参照

今日の分以外にもたっぷり作り、玉ねぎドレッシングであり合わせの野菜をマリネしておき（210ページ・パプリカのマリネ参照）、翌日の朝食かお弁当、また夜の野菜料理の一品として利用。

月曜日、水曜日にも

□ じゃこと炒めごぼう入りひじきのシンプル煮 p.111参照

ひじきのシンプル煮に炒めたごぼうとじゃこを加えた一皿。ひじきのシンプル煮は今日の分のほか、あと2回分程度を多めに作っておく。

火曜日、金曜日にも

野菜入りミートローフ

材料（作りやすい分量）

合いびき肉…500g　玉ねぎ…小1個　なす…1個　ピーマン…2個　にんじん…½本　パセリ…2枝　パン粉…½カップ　牛乳…大さじ2　卵…2個　塩・こしょう・ナツメグ・サラダ油…各適量

❶ 野菜はすべてみじん切りにしてボウルに入れ、サラダ油以外のすべての材料を入れて、手でよく混ぜ合わせる。

❷ 天板にオーブンシートを敷き、①のひき肉種を細長いなまこ形にしてのせる。上面の中央に縦長に指で1本窪みを作り、サラダ油を注ぐ（これで焼いている間も油膜で全体がおおわれてカリカリに焼ける）。

❸ 天板を200度のオーブンに入れ、35〜40分ほど、表面がこんがりするまで焼いて切り分ける。

★ミートローフに入れる野菜は、きのこ類、れんこん、絹さやなど旬のものを。肉と同量（合計500g）程度入れるのがわが家流。

2日目 月曜日の献立

日曜日の《玉ねぎドレッシング》

□ 野菜とのりのかき揚げ

《めんつゆ》添え p.203参照

今日はめんつゆをかき揚げの天つゆとして使う。同時に、あと2回分ほど多めに作っておく。

木曜日にも

■ 野菜のマリネ

玉ねぎドレッシングで作った野菜のマリネは、しょうゆ少々をたらすと和食にも向く。

□ あじの一夜干し

大根おろし添え

《ポン酢しょうゆ》がけ p.204参照

めんつゆのかつおだしをとったときに、ポン酢しょうゆも多めに作っておく。

保存

野菜とのりのかき揚げ

材料（作りやすい分量）

玉ねぎ…1個　にんじん…½本　ごぼう…1本
のり…1枚（全形）　小麦粉…大さじ5～6
冷水…大さじ3～4　揚げ油…適量

❶玉ねぎは薄切り、にんじんとごぼうは4～5㎝長さの細切りにする。ごぼうは水にさらして水けをきる。

❷①の野菜をボウルに入れ、のりをちぎって加える。ここへ小麦粉をふり入れて混ぜ、冷水を大さじ1ずつ入れては混ぜる。全体がやっとまとまるくらいが適量。

❸揚げ油を低温（160度）に熱し、②を少しずつ菜箸でつまんで入れる。一度に入れず、3つ～4つずつ揚げる。

❹途中で一度上下を返し、焦がさないようにしてカリッとするまでゆっくり揚げる。両面を菜箸でたたいて、乾いた感触になったら引き揚げ、油をきる。

★昨日の野菜の残りを使用。もちろん、ほかの残り野菜でもいい。また、ごぼうとにんじんとのり、玉ねぎとのりという2種盛りにしても。

日曜日の《ひじきのシンプル煮》

■ ひじき入り卵焼き

大根おろし添え p.111 参照

ひじきのシンプル煮を卵液に入れ、ひじき入り卵焼きにする

□《蒸し鶏》の中華風ねぎだれ

蒸し鶏は多めに作り、今日使う分以外は、保存容器（バットなど）に入れ、オリーブオイル、レモン汁、にんにく、好みのハーブを加えて、マリネしておく。

水曜日にも

《鶏のスープ》蒸し鶏を作るときの蒸し汁も捨てずに、鶏のスープとして生かす。

木曜日にも

□ 塩もみ野菜

きゅうりの塩もみ＋じゃこなど

基本《蒸し鶏》

材料（作りやすい分量）

鶏もも肉または胸肉…5枚　塩…少々

酒…1カップ

①鶏肉は脂身を除き、全体に塩をすり込む。

②立ち上がりのある器に酒の半量を入れ、鶏肉を重ならないように並べて、上から残りの酒をまんべんなくかける。

③蒸気の上がった蒸し器で15分ほど蒸す。蒸した鶏肉のうち2枚を当日用に、あとはマリネへ。蒸し汁も保存。

《蒸し鶏》の中華風ねぎだれ

材料（4人分）

蒸し鶏…2枚　白髪ねぎ…1本分　中華だれ〔ごま油…大さじ3　酢…大さじ1　しょうゆ…大さじ1〜1½　にんにく・しょうがのみじん切り…各1片分　豆板醤（好みで）…適宜〕

❶蒸し鶏は薄いそぎ切りに。白髪ねぎは冷水に放す。中華だれの材料を混ぜておく。

❷器に蒸し鶏を並べて水けをきった白髪ねぎをのせ、中華だれをかける。

4日目　水曜日の献立

日曜日の《玉ねぎドレッシング》
火曜日の《蒸し鶏》

□魚介の《トマトソース》パスタ

p.160参照

魚介のパスタ用のトマトソースは、あと1～2回分くらい多めに作っておく。

金曜日、土曜日にも

■蒸し鶏のマリネと野菜の盛り合わせ

昨日作っておいた蒸し鶏のマリネに、季節の野菜をたっぷり盛り合わせ、作りおいた玉ねぎドレッシングをかける。

魚介の《トマトソース》パスタ

材料（2人分）

スパゲッティ…180g　あさり（殻つき・砂抜き）…200g　有頭えび…4尾　帆立貝柱…2個　にんにくのみじん切り…1片分　赤唐辛子…1本　白ワイン…¼カップ　トマトソース…1カップ強　オリーブオイル…大さじ3　塩・こしょう…各適量　イタリアンパセリ…適宜

❶あさりは殻をこすり合わせて洗う。えびは殻をつけたまま、背わたを除く。帆立貝柱は半分に切り、赤唐辛子は種を除く。

❷沸騰した湯に塩を加え、まずパスタをゆで始める。

❸フライパンにオリーブオイル、にんにく、赤唐辛子を入れて弱火で炒め、香りが出たらあさり、えび、白ワインを加え、ふたをして強火で蒸し煮に。あさりの殻が開いたら帆立貝柱とトマトソースを加えて混ぜる。

❹③にややかためにゆでたパスタを加え、水分が足りなければゆで汁少量を加える。1分ほど煮て塩、こしょうで味を調え、イタリアンパセリを添えて盛りつける。

火曜日の《鶏のスープ》

月曜日の《めんつゆ》

■あさりとねぎの卵とじ丼

（めんつゆ利用で）

作りおいためんつゆを使ってあさりとねぎの卵とじを作り、丼に盛ったあつあつのご飯にのせる。おいしいめんつゆさえあれば、すぐにできる。

■鶏スープ煮の大根ねぎみそ

p.195参照

火曜日の蒸し鶏を作ったときの蒸し汁を水と酒でのばして鶏のスープにする。

あさりとねぎの卵とじ丼

材料（2人分）
温かいご飯…丼2杯分　あさり（むき身）…100g　かまぼこ…2枚　長ねぎ…1/2本　絹さや…10g　卵…3個　めんつゆ…1カップ　粉山椒・塩…各適量

❶あさりはざるに入れ、海水程度の濃さの塩水（3％）でふり洗いする。かまぼこは2〜3つに切り、長ねぎは斜め切りにする。絹さやは筋を除いて、斜め半分に切る。卵を溶いておく。

❷フライパンに長ねぎ、かまぼこ、あさりを入れ、めんつゆを注いで火にかける。あさりに火が通ってふっくらしてきたら、すぐに絹さやを加え、①の溶き卵を流し入れる。ふたをして卵が半熟状になったら火を止める。

❸丼に温かいご飯を盛り、②をのせて、粉山椒をふる。

★あさりとねぎの代わりに、牛肉とごぼうでもおいしい。その場合は、めんつゆでごぼうを煮てから牛肉を加える。また鶏肉と玉ねぎ、かまぼこと長ねぎでも。

6日目　金曜日の献立

日曜日の《ひじきのシンプル煮》

水曜日の《トマトソース》

■牛肉のスパイストマト煮込み

土曜日にも

作っておいたトマトソースを使い、赤唐辛子やカイエンヌペッパーなどスパイスを加えた、ピリッとした味わいの牛肉の煮込み。牛肉は食べてしまっても、トマトソースを多めに入れて煮込んであれば、トマトピラフやトマト炒めご飯に使える。このソースは、牛肉のうまみが出ていてとても美味。

■ひじき入り野菜サラダ

p.111参照

玉ねぎ、セロリ、きゅうりといったさわやかな野菜に作りおきのひじきのシンプル煮を加えたヘルシーサラダ。ひじきとレモン汁の相性も抜群。今日が日曜日に作ったひじきのシンプル煮の最終回。

牛肉のスパイストマト煮込み

材料（作りやすい分量）

牛肩バラ肉（かたまり肉）…500g　玉ねぎ…½個　セロリ…½本　にんじん…½本　にんにく…1～2片　トマトソース…2カップ　赤ワイン…1カップ　赤唐辛子…2本　カイエンヌペッパー…小さじ1　オリーブオイル…大さじ2　塩・こしょう…各適量

❶玉ねぎ、セロリ、にんじん、にんにくはみじん切りに。赤唐辛子は種を除いておく。

❷牛肉は大きめに切って塩、こしょうをふる。熱したフライパンにオリーブオイルを入れ、牛肉の表面をこんがりと焼き、煮込み鍋に移す。

❸フライパンに残った油でみじん切りにした野菜をしんなりするまで炒め、②の鍋に加える。このフライパンにワインを加え、鍋底をこそげて、これも鍋に加える。

❹鍋にトマトソース、赤唐辛子、カイエンヌペッパーを加えて40分～1時間ほど煮込み、塩、こしょうで味を調える。

7日目　土曜日の献立

水曜日の《トマトソース》

残った野菜を上手に生かして

■トマトピラフ

p.161参照

牛肉のよい味の出た前日のトマトソースで、炊き込みトマトピラフを作る。また、トマト炒めご飯（161ページ）にしてもよい。

■グリーン野菜のオイル蒸し煮

p.121参照

■残り野菜のポタージュ

グリーン野菜のオイル蒸し煮と残り野菜のポタージュは、ともに作りおきを使った料理ではないが、買物前なので少しずつ残った野菜を上手に生かして作る。

残り野菜のポタージュ

材料（作りやすい分量）

残り野菜…合わせて250～300g　玉ねぎ…1/4～1/2個　水またはスープ…適量　生クリーム…1/2カップ（なければバターでも）　塩・こしょう…各少々

❶残り野菜はそれぞれぶつ切り、玉ねぎは薄切りにする。

❷鍋に①の野菜と水またはスープをひたひたに注ぎ、野菜がやわらかくなるまで中火で煮る。

❸粗熱をとって、②の野菜をミキサーにかける。

❹再び火にかけ、塩、こしょうで味を調え、最後に生クリームを加えて混ぜる。

★野菜はあくの強いものでなければ、なんでも。野菜の芯や皮もOK。煮込むときは、野菜のだし（195ページ）を使えば、味も栄養もベター。

★より濃厚な味に仕上げたいときは、玉ねぎや野菜をバターで炒めてから、煮込むとよい。

問い合わせ先

長谷製陶　三重県伊賀市丸柱 569
tel：0595-44-1511

村山造酢　京都府京都市東山区三条大橋東 3-2
tel：075-761-3151

リマ東北沢店　東京都渋谷区大山町 11-5
tel：03-3465-5021

レシピもくじ

●は「作りおきの素」やその手法（ページ表示のあるものは作り方が掲載されています）、無印のものは作りおきの素や手法でできあがる料理です。

有元葉子（ありもと・ようこ）

野菜をたっぷりとれるレシピで定評のある料理研究家。イタリアン、和食、エスニックなどレシピの幅は広いが、どれも素材の持ち味を充分に生かし、シンプルでありながらとびきりおいしいものばかり。『だれも教えなかった料理のコツ』『有元葉子のマリネがあれば』『有元葉子の cooking class』『気持ちのよい暮らし』『有元葉子の旅というレッスン』など著書多数。オリジナルのキッチン用品ラ・バーゼを提案するほか、最近では、自らのセレクトショップ「shop 281」をオープン。
http://www.arimotoyoko.com

1回《かい》作《つく》れば3度《ど》おいしい作《つく》りおきレシピ

二〇〇九年二月一〇日　初版第一刷発行
二〇〇九年五月二〇日　初版第四刷発行

著　者　有元葉子
発行者　菊池明郎
発行所　株式会社筑摩書房
　東京都台東区蔵前二・五・三　〒一一一・八七五五
　振替　〇〇一六〇・八・四一二三
印　刷　凸版印刷株式会社
製　本　凸版印刷株式会社

乱丁・落丁本はお手数ですが左記にご送付ください。
送料小社負担でお取り替えいたします。
ご注文、お問い合わせも左記にお願いします。
さいたま市北区櫛引町二・六〇四　〒三三一・八五〇七
筑摩書房サービスセンター　電話 〇四八・六五一・〇〇五三

ISBN978-4-480-87798-7 C0077

撮影／渡邉文彦
ブックデザイン／高橋 良
構成・文／村上卿子